Como Vencer a Guerra com Amor

Como Vencer a Guerra com Amor

Pelo espírito

Irmão Alexander

Psicografia de

Marcos Ihand Brund

LÚMEN EDITORIAL

Como Vencer a Guerra com Amor
pelo espírito *Irmão Alexander*
psicografia de *Marcos Ihand Brund*

1ª edição – abril de 2008

Direção editorial: *Celso Maiellari*
Preparação de originais: *Fábio Maximiliano*
Revisão: *Mary Ferrarini*
Diagramação: *Lucas Godoy / Casa de Idéias*
Arte da Capa: *Daniel Rampazzo / Casa de Idéias*
Impressão e acabamento: Orgrafic Gráfica

Dados Internacionais de Catalogação na Publicação (CIP)
(Câmara Brasileira do Livro, SP, Brasil)

Alexander (Espírito).
Como vencer a guerra com amor / pelo espírito Irmão Alexander ; psicografia de Marcos Ihand Brund. — São Paulo : Lúmen, 2008.

1. Espiritismo 2. Psicografia 3. Romance espírita
I. Brund, Marcos Ihand. II. Título.

08-02027 CDD-133.9

Índice para catálogo sistemático:
1. Romance espírita : Espiritismo 133.9

LÚMEN
EDITORIAL

Rua Espírita, 64
São Paulo - SP
CEP 01527-040
Tel/Fax (0xx11) 3207-1353

visite nosso site: www.lumeneditorial.com.br
fale com a Lúmen: atendimento@lumeneditorial.com.br
departamento de vendas: comercial@lumeneditorial.com.br
contato editorial: editorial@lumeneditorial.com.br

2008

Impresso no Brasil – *Printed in Brazil*

Agradecimentos

Sempre a Deus e a Jesus em primeiro lugar.

Aos Irmãos do Grupo Fé, Amor e Prece que, mesmo distante da grandeza espiritual que possuem, nos aceitam como operadores de seus verbos e suas palavras.

Um agradecimento especial ao Irmão Monsued, Governador da Colônia Fé, Amor e Prece; ao Irmão Zhaide, Coordenador do Grupo Fé, Amor e Prece que trabalha com os médiuns do Brasil; ao Irmão Marcus, Alexander, Olegário, Augusto, Joseph, Santinni, Vicenzo, Péricles, Miguel, Cezar, Anita, Ricard, Alberto, Roger, Zefferino, Thiago e à querida Irmã Mônica, coordenadora do grupo espiritual das crianças; à Corrente Médica do dr. João B.; e a todos os outros que habitam nossos corações e fazem parte de nossa família espiritual.

Agradeço ao falecido senhor Alberto, meu pai desta vida e de muitas outras, o qual brindou-me com os conhecimentos e ensinos da moral e honestidade.

Agradeço à minha querida esposa, Angélica, que há anos retém paciência aos meus defeitos, amor às minhas fraquezas e estímulos para que eu supere os obstáculos...

À minha querida filha Michaela, que é a flor dos meus dias e a luz que guia o meu caminho. Quando paro de enxergar a luz no fim do túnel, olho para ela brincando com suas bonecas, observo seu retrato em minha carteira ou procuro sua foto em meu coração, em minha mente, e, logo em seguida, começo novamente a avistar a luz no final do túnel.

Agradeço à Lúmem Editorial, na pessoa do Irmão Celso, que acreditou e confiou em nosso trabalho sem almejar retribuições.

Agradeço também aos conselhos dos inúmeros médiuns que nos orientaram, entre eles do querido amigo Carlos Baccelli.

Agradeço "in memorian" à escritora e poeta de singular cultura, Dona Altiva, que por muitos anos administrou um orfanato na cidade de Uberaba (MG), amiga íntima do médium Divaldo Pereira Franco, transmitindo-nos conhecimentos infindáveis sobre Espiritismo e comportamento social.

Nota de eterno agradecimento

Agradeço do fundo do coração à falecida médium Maria Rodrigues Salvador, a conhecida Dona Domingas, coordenadora do Centro Espírita Jesus de Nazaré, em Uberaba (MG), pelas palavras e orientações que nos encaminharam em nosso desenvolvimento mediúnico. Lembro-me bem de quando eu pedi informações sobre como deve ser um médium e, em resposta franca e clara, disse-me que "um médium deve ser aquele que possua moral e estudos constantes na doutrina de Kardec."

Recordo-me ainda da primeira vez que pediu-me para que eu fosse trabalhar em um dos centros em que ministrava palestras e aplicava passes. Chegando lá, na certeza de que iria prestar serviços mediúnicos ativos, deixou-me encarregado de distribuir chá e mensagens espirituais na hora da saída da reunião. Depois falou-me que "a humildade é grande aliada daqueles que almejam alicerces mediúnicos consistentes." Assim, deixou-me nesta função por mais de dois meses.

Não consigo esquecer de seus passes curadores, das palavras amigas e dos ensinamentos profundos. Um deles sobre o bem e as propriedades que fazia o chá nas reuniões espíritas. Suas palestras, simples em palavras, eram encantadoras aos nossos corações. Dona Domingas desenvolveu-se com o saudoso Chico Xavier e ministrava palestras também nas reuniões de sábado e domingo com o médium Carlos Baccelli em seu centro espírita, o *Pedro e Paulo*. Não consigo esquecer quando eu e minha esposa, certa feita, elogiamos sua palestra e ela nos disse que uma vez também recebeu elogios de uma senhora: ficando feliz, ela agradeceu, e a mulher, replicando, disse que gostava quando ela prelecionava por ser ela sempre ser a última oradora da noite e, assim, os trabalhos estavam por findar...

Dona Domingas é um exemplo de médium dedicada, humilde e abnegada. Certa vez, à noite, pediu-nos uma carona para que a levássemos a uma casa a fim de que pudesse aplicar passes curadores a uma pessoa doente. Para ela, mediunidade era sagrada e não havia dia e hora para exercê-la. Como médium, procuro esmerar-me em seus exemplos de humildade e perseverança. Entendi que a mediunidade, exceto raras exceções, serve para burilarmos nossos erros e ressarcirmos nossas dívidas pretéritas.

Mas, além da excelente médium, existia Dona Domingas como pessoa, possuidora de um coração muito bondoso. Não foram raras as vezes que este coração estendeu as mãos na minha direção e de minha esposa. Como seres humanos, eu e minha esposa não temos dificuldade alguma em dizer que ela ser tornou nossa grande "mãe".

Onde estiver sabemos que está com Deus, aplicando seus passes e efetuando suas palestras... Jesus esteja em seu coração e Deus a ilumine sempre...

Sumário

I

Despedida difícil

As ÁRVORES DA FLORESTA nos protegiam do sol. Pelo meio delas, apenas as faíscas do astro faziam-se passar.

Nós o enxergávamos com tristeza, o coração pesado. Lembrávamo-nos da difícil separação. Sabíamos que esta podia ser definitiva.

Entreolhavam-se os homens, não como soldados ou guerreiros da pátria, mas já como perdedores do jogo da vida.

As imagens corriam em nossas lembranças.

O trem havia partido, e as crianças, as mulheres, as mães e os pais haviam ficado para trás.

Tornavam-se imperiosas a saudade, a dor no peito, e até mesmo a revolta.

Conseguiríamos vencer a saudade?

O trem deixara Berlim em 1941, mais precisamente em julho. Estava carregado de armas bélicas perigosíssimas, provimentos alimentares e milhares, milhares de soldados alemães.

Na estação ferroviária, os parentes despediam-se em extremas comoções dolorosas. As lágrimas que corriam nos rostos das crianças no adeus aos pais transpunham o que se pode chamar de desespero. As mulheres acreditavam na volta dos filhos e esposos, mas temiam não mais vê-los.

Os soldados, na sua maioria homens fortes e sadios, não emanavam menores sentimentos. A cada lágrima, abraço e beijo na despedida de seus familiares uma gota de sangue escorria de seus corações.

O último adeus, a última lembrança.

A foto da família entre os documentos. O retrato da mãe no relógio de bolso. Tudo o que podiam levar os soldados carregavam consigo, a fim de ao menos em parte suprir a falta de seus entes queridos.

A locomotiva começava a mover-se, e os gritos finais só tinham um mote: "Adeus! Volte!".

Cenas tão marcantes e tão demoradas. Sim, a máquina deixando a estação e os homens de exército nas janelas a acenar, talvez, o último adeus.

Os poucos segundos em que o trem atravessou a plataforma da estação ferroviária só nos faziam pensar em algo: o que encontraríamos à frente? Será que a dor iria ser maior do que aquela que já estávamos sentindo?

Durante a viagem, entre diversas cidades e países europeus, até o destino norte da União das Repúblicas Socialistas Soviéticas perfizeram-se em nossos pensamentos desde as mais felizes até as mais tristes idéias.

Na mudança de um trem para outro, de um caminhão ou ônibus a outro, o local da janela era o mais disputado

Todos queriam aproveitar o raiar do sol, a busca do vento, a esperança das nuvens brancas e a força do céu azul-claro.

Tomados estávamos pela mais pura emoção. Poucos já a tinham conhecido.

Demorávamo-nos em sonhos. Sonhos-esperanças.

Parecíamos velhos indígenas nas tribos pregando determinações futuras a seus guerreiros. Parecíamos crianças em noite de Natal.

O calor feroz nos agasalhava; já parecia prever que o inverno seria muito frio.

As tempestades de verão, com a chuva descendo os céus com muita força, lavavam as tendências negativas de nossos pensamentos, fazendo-nos crer que o amanhã seria o da volta ao lar.

Muitas palestras, táticas de guerra e muita concentração forneciam nossos superiores hierárquicos. Ao contrário do que muitos imaginam, o exército alemão, apesar de severo, era também muito democrático.

O respeito, a ordem de todos era efetuada com gigantesca disciplina.

Nos dias que se passavam, as saudades pouco diminuíam, menos ainda a esperança. Começavam, assim, os homens a fazer suas singelas amizades.

Alguns trocavam olhares e sorrisos, apesar do medo, mas a presença do calor humano fazia-se valer.

Já transparecia nesse momento, ao menos em parte, um pouco da compaixão de Deus.

Jogos e diversão para alguns, conversa animadora para outros...

Eram poucos os que encontravam na oração ao Pai o alimento e o aconchego necessários aqueles momentos execráveis.

Foi a viagem mais longa que efetuei na vida terrestre, não somente pela distância percorrida, mas pela expectativa que se desenlaçava.

Meu coração não clamava pelo ódio ou pela vingança, pelo conforto ou carinho, mas tão-somente pela paz. Esse também era o sentimento de muitos outros soldados.

Assim como o medo. Não o simples medo da morte, porém o de terem de acordar no escuro, o escuro trilhado pela humanidade no decorrer dos tempos. O escuro que todos nós ajudamos a construir. O lado mau. O lado sombrio das inverdades, das mentiras, da blasfêmia, do perjúrio.

Cristo já havia em muito sido crucificado; seu calvário foi doloroso, não para ele, mas foi e é para todos nós. Havíamos também, direta ou indiretamente, o crucificado.

Amigos, não pensem que as consciências funcionam somente quando adentram o sepulcro ou quando repousam as cabeças nos belos travesseiros ao se deitarem. Não, irmãos; para muitos, graças a Deus, essa se opera durante as próprias atividades da vida do encarnado.

Assim, a nossa viagem de trem fazia-nos pensar no íntimo de nossas consciências: estaríamos indo para o Infinito e doloroso Calvário do Cristo?

Saibam que, se isso realmente tivesse acontecido, as minhas humildes palavras deste momento brilhariam em luz e entendimento a todos vós.

Continuando a trilha de dor...

Alguns dias se passaram antes de chegarmos ao destino previsto.

Nesse clarear e escurecer de dias muito refleti e pensei. Desde meu princípio como criatura terrestre até o que seria de meu destino.

Aconteceria comigo o que muito tinha ouvido falar de destino prematuro?

Estamos, caros leitores, tratando neste livro da Segunda Guerra Mundial. Da transformação social e econômica que o mundo viveu. Mas, muito mais, estamos falando e tratando do destino de milhares de espíritos, da sorte de milhões de famílias que estas simples palavras provocaram.

Costuma-se lembrar desse período como um dos grandes marcos históricos; devemos entendê-lo como uma das maiores desgraças criadas pelo homem. Não só no aspecto de dor e sofrimento, refletindo estes no futuro. A dor que a humanidade passou estende-se ainda no hoje, e a acompanhará no porvir.

Pois, vejam...

Homem jovem era eu.

Corria com a vontade do progresso intelectual. Era extremamente religioso. Praticava na medida do possível as verdades de Deus.

Ao olhar as ruas ao redor de minha residência, via as pessoas não como meros vizinhos, e sim como meus irmãos.

Vivia a felicidade com minha mãe e saudoso de meu falecido pai.

Operava minhas atitudes de um homem sem preconceitos sociais. Pelo meu simples modo de ver o mundo, as cores somente existiam nas diversas formas como a natureza se apresentava.

Via o verde nas árvores, o azul no céu, o branco na neve, o brilho da estrela durante a noite, o amarelo e vermelho nas flores.

Jamais senti o cheiro do poder do ouro, apesar de ser abastado materialmente; nunca olhei o próximo com intenção pérfida de cor, posição social, raça ou inteligência.

Objetivei e consegui, em parte, minha pequena instituição beneficente para crianças órfãs e com problemas e distúrbios mentais.

Meus pensamentos somente tentavam engendrar o bem ao próximo, ou a construção de casas para meus clientes.

A profissão como engenheiro tão-só me propiciou crescimento interno, ora na elaboração arquitetônica de um mundo melhor, ora na construção de algumas moradas para vingar-se o nome de Deus.

Jesus, em seus ensinos e presença, pelos templos-igrejas que meu pai e posteriormente eu construímos, fortificava a alma de todos.

A guerra anterior tinha trazido muitos males, havia a necessidade da construção de mais templos religiosos para que os alemães pudessem enxergar mais Deus e tê-Lo mais no coração.

Após esta breve narrativa, respondam em vossas consciências: o que um homem sem treino militar, religioso, pregador da paz faria de útil numa guerra tão inútil?!

Pelo simples fato de ter princípios contrários aos do governo dever-se-ia condenar um cidadão a um infortúnio qualquer?

Por que tirar o arrimo da família do lar? Por que arrancar de uma instituição beneficente o seu provedor?

Sim, irmãos, pelo pequeno motivo de ser eu contra os preconceitos raciais. Pelo fato de ser oponente da crucificação de mais almas e, principalmente, da imolação mais uma vez dolorosa da humanidade.

Queridos filhos, não venho por esta elucidar questões pessoais ou gabar-me de pequenas qualidades de minha última existência, pois, por mais que fizesse, ou venha a fazer, estarei ainda muito longe da Luz eterna e de Seu eterno perdão, por todas as faltas que já cometi.

Como compreender tal atitude?

Não podemos somente analisar comportamentos ou atitudes à vista de uma só existência. O coração poderá se tornar mais leve quando nós volvermos a cabeça para trás e enxergarmos o passado. E se tornará repleto de esperanças quando, após olharmos o pretérito, paradoxalmente, o misturarmos com o presente, avistando um futuro promissor.

Assim, não foi diferente comigo. Apesar da vida mais nobre espiritualmente do hoje, o passado se apresenta com cruzes pesadas a serem carregadas. Isto é justiça de Deus. E explica algumas injustiças na convocação de minha pessoa, sem nenhuma experiência militar, a esta guerra tão execranda. Passo a lhes relatar pequenos acontecimentos pretéritos para, em vossos corações, também compreenderem o meu chamamento ao campo de batalha por pessoas que me perseguiam. Então, assim ocorreu:

Estamos alguns séculos atrás da narrativa da atual história de minha vida, mais precisamente na época da Inquisição religiosa. Vivia eu na Espanha, em cidade próxima da atual Barcelona. Era religioso. Exercia a função de clérigo de pequena paróquia. Não possuía família e era rico. Compartilhava parte dessa riqueza com os pobres. Porém, sempre com ostentação. Fazia o contrário dos ensinos de Cristo no capítulo VI, versículo 1 a 4 do Evangelho de Mateus, que predica Deus desta maneira:

"Guardai-vos de fazer a esmola diante dos homens, para serdes vistos por eles, ... Quando, pois, deres esmola, não faças tocar trombeta

diante de ti, ... para serem glorificados pelos homens. Em verdade vos digo que já receberam o seu galardão. Mas, quando tu deres esmola, não saiba tua mão esquerda o que faz tua mão direita. Para que tua esmola seja dada em secreto; e teu Pai, que vê em secreto, Ele mesmo te recompensará publicamente".

Gostava de ser considerado um homem generoso. Apreciava os elogios pomposos que as senhoras e os grandes fazendeiros imputavam-me. Em vez de me preocupar com as palavras cristãs nas missas de domingo, expunha a falsa caridade que aplicava durante a semana. Dessa maneira, conseguia receber mais e mais panegíricos, como se eu fosse um "pequeno Cristo". Por outro lado, era implacável na perseguição religiosa à época da Inquisição. O sacerdote Afonso admirava-me pelo cruel encalço efetuado aos hereges. Esses hereges não são aqueles contrários aos dogmas da Igreja Católica, ou simples bruxos. São, principalmente, os avessos ao pagamento de impostos e do dízimo à Igreja. Naqueles tempos, queridos irmãos, a guarda do exército, inquisitorial ou da Igreja, era tão grande nas proporções quanto a guarda de alguns reis. Esses pequenos exércitos formados pelos sacerdotes da Igreja Católica eram pagos e sustentados por ela. Por isso, eram eles fiéis e bárbaros na execução das ordens recebidas.

O poder da Igreja, ou religioso, no que tange à política, era fortíssimo. Nenhum monarca ou déspota arriscava-se em alguma empreitada política sem antes consultar e ter aprovação do bispo ou sacerdote de sua região. Os próprios fazendeiros desse tempo também questionavam os religiosos quanto às decisões financeiras que tinham de tomar. Inclusive aquelas sobre fatos particulares, como de casamento de seus filhos e filhas. O poder político da Igreja era tão respeitado – é claro, em algumas regiões da Europa, não todas – que negócios internacionais entre as nações tinham os acordos pactuados com o selo oficial da Igreja como assinatura.

Na Espanha não era diferente. Talvez um dos piores locais de castigos religiosos impostos aos supostos hereges. Na cidade onde eu era pároco, os tempos eram funestos e de trevas. Clima similar ao da perseguição aos cristãos em Roma. Do mesmo modo como outrora eles iam para os circos onde os leões famintos os devoravam, os hereges encaminhavam-se para as câmaras de tortura dos prédios construídos pelas igrejas. Existia um aparelhamento todo moderno para a realização eficaz dos martírios. Esses instrumentos, pérfidos, eram incessantemente testados em homens, mulheres e crianças.

Fiel escudeiro do sacerdote Afonso, eu encaminhava muitas vezes pessoalmente esses hereges. Alguns com deficiência mental. Outros maus pagadores de impostos e dízimos. Outros devedores e assassinos. Algumas prostitutas e adúlteras. Alguns não crentes, portanto, blasfemadores de Deus, etc.

Lembro-me bem do dia em que trazia um senhor com problemas mentais, de aproximadamente quarenta anos, à presença do sacerdote, quando trocávamos algumas palavras:

— Sua bênção, Dom Afonso. – Pedi sua bênção religiosa e faleilhe "Dom", porque assim ele gostava de ser chamado, em virtude das extensas terras que possuía.

— Que Deus o abençoe, Ramires. – Era esse o nome que eu detinha à época.

Passados alguns segundos, voltei a me dirigir a Afonso:

— Trago-lhe este homem, que deveras finge estar louco com o intuito de renegar nosso Deus.

— Faz bem, meu amigo, esses infelizes julgam-se superiores a nós, conhecedores das palavras do Cristo. Com atitudes ardilosas, não beijam nossas mãos, renegando a Deus, forçando-nos a empregá-los à tortura como santo remédio para suas almas instruídas pelo diabo.

Após breve pausa, continuou o sacerdote seu discurso trevoso, encaminhando-me juntamente com o homem à câmara de tortura:

— Veja bem, Ramires, aqui é a câmara de retificação, onde essas almas perdidas ganham nova chance de salvar-se do mal que abrigam em seus corações. Nós, caridosamente, consideramos todos como irmãos, assim como Cristo fez. Jamais poderíamos deixar de tentar salvar uma dessas almas, que hoje purgam no inferno, e trazê-las conosco para o paraíso do céu de Deus. Imbuídos desse propósito, introduzimos neles esses objetos de tortura para que creiam Nele pela dor, como a de milhares de cristãos assassinados séculos atrás. Poderão, então, pagar suas dívidas com a Igreja e o governo, colocando em trilhas retas suas vidas sem adultérios, prostituição, bruxaria...

Terminado este discurso horrível aos nossos ouvidos de hoje, contudo muito bem aceito por mim naquela época, conseguia observar a eloqüência nas palavras de Afonso. Com certeza guiado por espíritos inferiores, utilizava de seu alto poder de persuasão contra si mesmo, tentando enganar sua própria consciência. Após colocar aquele pobre moribundo nas mãos do carrasco, levou-me para seus aposentos e seu escritório, com escopo de fazermos o acerto financeiro do mês. Quanto mais eu cobrava o dízimo, mais recebia em troca. Da mesma forma na cobrança de impostos governamentais e dívidas particulares.

Espíritas, tomemos muito cuidado com as despesas dos centros e a colaboração de associados. Lembremos da responsabilidade que nos acomete quando mexemos com doações, em especial as em espécie. Saibamos que quando alguém doa roupa, por exemplo, ao centro, imagina que esta será repassada a um necessitado. Não façamo-nos de hipócritas, como aqueles que até hoje recebem o dízimo com intuito menos digno. As lições do Mestre são claras em dizer-nos que para pregarmos a palavra de Deus deveríamos sair com os cintos vazios do ouro, cobre ou prata. Devemos ser o exemplo para outros tantos religiosos, fazendo-nos valer do máximo de honestidade e desapego material.

Saí do escritório do sacerdote com uma bolsa pequena cheia de ouro. Afonso levou-me, então, para observar os presos que se encontravam nos calabouços do prédio religioso. Novamente ele começou a dialogar assim:

— Veja este homem. – Apontou-me um jovem de vinte e cinco anos mais ou menos, recoberto de sangue, desvalido de suas energias físicas, magérrimo por falta de alimento. – Nega-se a ajoelhar-se e a beijar a minha mão, dizendo ser eu da parte do diabo!

Rimo-nos. Todavia, de maneira estranha, meu coração começava a sentir comoção. Já havia muitas vezes presenciado torturas e presos em estados calamitosos. No entanto, não sei por quê, comecei a sentir um tremor nas pernas e fadiga, além de suar frio.

Então voltou a relatar o sacerdote:

— E aqui, Ramires, temos uma bruxa. Diz ela que tem poderes de cura e vê espíritos com luzes, em forma de anjos.

Nesse instante, saindo Afonso da frente da grade pela qual se podia avistar a cela em que a mulher estava detida, sofri forte dor em meu coração. Essa dor aguda não fazia com que eu deixasse de enxergar a mais linda mulher, o amor de minha vida. Estava ela radiante aos meus olhos, apesar de grotescamente torturada. Não deixou de acreditar em suas convicções, mesmo à custa de implacáveis sofrimentos. Não se dobrava às ignorâncias impostas pelo sacerdote Afonso, que dizia ser em nome de Deus. Saí de lá arrasado, principalmente vendo que ela havia me observado, também, como seu grande amor. Dia após dia supliquei ao sacerdote que a soltasse. Para cada súplica recebi resposta negativa e a explicação de que o diabo estava me tentando com os pecados do sexo.

Passado quase um mês, orquestrei plano execrando, com objetivo de soltá-la. Matei Afonso e alguns de seus seguidores. Fugi com a moça, que relutava em seguir-me, pois acreditava que seu sofrimento lhe traria benefícios futuros. Dois meses após o feito, fui preso e condenado à morte...

II

Preparativos para o combate

ESTÁVAMOS ATRAVESSANDO a região dos Bálcãs, prestes a chegar ao ponto esperado, àquele em que travaríamos horrenda batalha.

Ante as aflições que sentíamos, não pude esquecer da última despedida. O adeus final de meus amigos, meus companheiros de trabalho, meus assistentes na instituição, e principalmente o adeus a minha mãe e, se posso assim chamar, "minhas crianças".

Os últimos dias de convívio com esses seres, tão ingênuos e carentes do esteio e amor humano, renovaram-me as forças e permutaram esperanças e desejos com base na fé em Deus.

É de bom alvitre lembrar: apesar da situação financeira abastada desfrutada por algum tempo, herdada de gerações por minha família, a duras penas consegui montar essa instituição social. Não só pelos sacrifícios financeiros, mas os pesados contrastes morais na Alemanha, nos idos de 1933, ofertavam barreiras preciosas a quem acolhia crianças órfãs largadas pelas ruas ou trazidas de outros países, em especial os africanos, bem como deficientes mentais jogados a qualquer mercê pelas vias públicas da cidade onde morava. Naqueles anos, o falso moralismo predominava reinante nos lares europeus, principalmente alemães. As moças tinham de se casar virgens. Eram colocadas à margem da sociedade aquelas que se descobria que casaram grávidas. E eram enxotadas para a rua da amargura para geralmente tornarem-se prostitutas aquelas que, embora tendo engravidado, não se casavam. E, por mais que tentassem esconder de seus familiares a barriga que crescia, depois do parto secreto tinham de se livrar das crianças. Cometiam aí um crime grave contra a maternidade, portanto, contra as Leis de Deus. Da mesma forma, aquelas que se propunham a fazer o aborto clandestino.

Esse moralismo preconceituoso era estendido aos filhos com problemas mentais – ou que assim eram considerados na época —, e do mesmo modo eram lançados à sarjeta da amargura. As crianças órfãs e necessitadas da África também sofriam tal preconceito, principalmente aquelas da raça negra. A cor da pele, ainda como hoje, sofria distinções inconseqüentes em diversas partes do mundo, conceitos esses inexplicáveis para qualquer cérebro de inteligência mediana.

Nesses termos, a instituição sofria duras críticas por parte de alguns de seus vizinhos e da comunidade da cidade onde estava instalada. Tirando a colaboração de algumas pessoas, em geral amigos e voluntários, os recursos que a mantinham eram exclusivamente meus e de herança de família. Alguns anos após o falecimento de meu pai, pude, juntamente com minha mãe, realizar o sonho antigo de meu genitor, e também meu: o de criar essa instituição sem fins lucrativos. Sofríamos ágio na compra de alimentos da maioria dos empórios em relação aos preços comumentes praticados aos clientes que freqüentavam esses estabelecimentos. E, pior, alguns desses mercados se recusavam a nos vender mercadoria por qualquer valor que oferecêssemos. Por isso, algumas mercadorias essenciais tinham de ser trazidas de cidades vizinhas, o que nos obrigava a arcar com preços mais altos.

Todavia, Deus sempre foi generoso conosco. Na instituição nunca faltou nada aos protegidos. Inclusive, o Pai, a cada ataque feroz da sociedade da época, ofertava-nos, em seguida, mais uma mão caridosa para compartilhar conosco os labores diários desses serviços sociais. Os amigos e voluntários cresciam dia a dia, mostrando que Deus está sempre presente com seus anjos, a qualquer tempo, em qualquer sociedade do mundo. Jamais esquecia as lições de meu pai terrestre, quando dizia que, numa caixa de maçãs, uma só podre iria aparecer e cheirar mais do que qualquer outra. Meu pai desde cedo ensinou-me os labores da profissão que ele também abraçava, a engenharia civil. Mostrou-me quão importante era a necessidade do estudo e do trabalho digno. Colocou-me, ainda pequeno, em consideradíssimo colégio interno alemão, onde me preparei para, ainda bem jovem, ingressar na Universidade de Berlim. Papai e mamãe traziam-me a educação religiosa e moral. A escola e universidade trouxeram-me o conhecimento técnico, que me proporcionou a oportunidade financeira de constituir a instituição social em nome de Deus.

Não raro os difíceis labores diários na construção civil, nos quais muitas vezes, literalmente falando, tinha de "colocar a mão na massa", as crianças eram o meu conforto espiritual para o começo de noite, findos os serviços diários. Também eram a tranqüilidade para meu espírito, quando punha a cabeça em meu travesseiro, ante a consciência pesada de alguns atos praticados no passado, já citados.

A construtora formada pelo meu avô, solidificada pelo meu pai e aumentada por meus esforços, crescia financeiramente e materialmente por toda a Europa, em especial na Alemanha. Construíamos igrejas, prédios residenciais e comerciais, casas e galpões por todo o país. Já éramos, senão a maior, uma das maiores empresas desse ramo na Europa. Por isso, apesar dos preconceitos morais da época, os ataques verbais e invejosos não prejudicavam a empresa da família. Mas causavam prejuízo à instituição. No entanto, Deus é mais forte, e, com persistência, conseguimos ultrapassar todo e qualquer tipo de barreira; acreditem, irmãos.

Irmãos de fé, Jesus há muito nos convidou a brindar com ele as Moradas do Reino de Deus. Falhamos. Perdemos muitas oportunidades dadas pelo Pai a nossa regeneração. Séculos passaram-se após o Advento do Cristo. Resignamo-nos e expiamos, e ainda mal podemos nos considerar como cristãos. Por isso, não podemos, diante das muitas falhas e oportunidades que já tivemos, desistir ante obstáculo algum. Ao contrário, devemos ser persistentes. Deixo-lhes aqui mensagem deveras interessante de um amigo da espiritualidade aos nossos dias de batalha terrena:

"Através dos pensamentos atraímos energias boas ou ruins.
Jamais desistam no meio da batalha que é a vida.
Quem desiste arrepende-se e torna-se um fraco, um perdedor.
Quem ganha é apenas mais um vencedor.
Mas aquele que luta para vencer, mesmo que ao final não vença por completo, pode erguer a cabeça a Deus e dizer:
— 'Eu tentei, meu Pai'".

Queridos irmãos, trilhemos com força e fé no coração.

As crianças me consolavam todos os dias. Davam-me esperança para ultrapassar as nuvens escuras que apareciam na minha frente. Lembro-me bem da pequena conversa que tive com um menino africano de oito anos. Seu nome era Akibauê, que imprecisamente podemos traduzir por Joãozinho. Ele me perguntou:

— Por que as pessoas não olham para mim na rua? Por que elas se desviam da calçada em que caminho?

Meu coração, todas as vezes que ouvia esse tipo de indagação daquelas santas crianças, ficava pesado em remorso. Contudo, fornecia-me energia íntima para esmerar-me mais ainda em meus labores profissionais, principalmente para lutar contra os preconceitos da sociedade da época.

Então, fitando-lhe aquele rostinho angelical, de pele negrinha como a cor da jabuticaba, respondi-lhe mais ou menos assim:

— E você não sabe?!

— O quê?! – ponderou o garoto.

— Não sabe que é um príncipe?!

— Eu?!

— Claro, Joãozinho. As pessoas não podem entrar na frente de um príncipe, e muito menos olhar para ele, salvo para reverenciá-lo. Somente podem tomar a sua frente para esticar-lhe um tapete vermelho para que caminhe por cima dele, ou rosas, para suavizarem-lhe os passos.

— E por que não fazem isso para mim? – inquiriu o menino.

— Ora, rapaz, as pessoas não são obrigadas a sair por aí carregando tapetes vermelhos e sacos de rosas!

O menino pensou por alguns instantes e voltou a questionar-me:

— Para que servem os príncipes?

— Ah! Agora sim. Boa pergunta. Os príncipes possuem função importantíssima entre os homens na Terra. Deus lhes dá tal cargo para que sejam exemplos bons para todos. Devem os príncipes ouvir e aprender os ensinamentos de Jesus, e rapidamente praticá-los. Ouviu, Joãozinho?

— Sim.

O menino mal respondeu à minha pergunta e saiu correndo em direção às outras crianças, gritando:

— Eu sou um príncipe! Eu sou um príncipe!

Minutos mais tarde, mais alguns rebentos de Deus estavam me perquirindo:

— Eu também sou príncipe? – falava um garotinho manco.

— E eu, também sou? – bradava outro, cego.

Assim inúmeras vezes...

Queridos leitores, as crianças órfãs são aquelas que necessitam de pai, mãe, abrigo e carinho; porém, quando isso conseguirem, seu lar e seus familiares não devem manter seus pequenos corações carentes das verdades eternas de Deus.

Cristo, em sua pregação, nos ensinou o que fazer para adentrarmos o Reino do Maior. Dizia Ele ser necessário que nos tornássemos como uma criança. A criança, como amostra de ingenuidade, nos reflete o espelho da ternura, bondade e Amor Maior. Designa-nos funções, como a tranqüilidade e o equilíbrio, mas, sem sombra de dúvida, mostra-nos que devemos seguir a verdade eterna. A verdade de Deus. Sendo Ele nosso Pai, e a criança, seu filho, devemos nos esforçar em afastar o mal, para que nos tornemos Seus bons filhos, também.

Jesus, sempre íntegro e eterno em suas parábolas, nos dedicou o exemplo da criança para que cultivássemos em nosso íntimo a ingenuidade, bondade, caridade, o amor ao próximo plantados em nossos corações em sementes sublimes, pelo Maior. A criança é símbolo do bem e repulsa ao mal.

Nos derradeiros instantes em que perfilava pelos corredores e aposentos da humilde instituição, aproveitei-me ao máximo com todos aqueles pequenos anjos encarnados e disse-lhes adeus sem nenhuma lágrima, mas com o coração triste.

Dediquei-lhes um dos melhores assistentes que possuía naquele momento como diretor, recorri a minha nobre mãe para auxiliar-lhes com nossos vastos recursos financeiros, mas entreguei-os por completo nas mãos do Pai.

Desse modo, com as palavras e os olhos úmidos, disse-lhes:

— Que Deus os abençoe, guarde e ampare por todo o sempre.

Virei-me de costas e pus-me a chorar.

Na última noite com a mãezinha terrestre, troquei algumas observações sobre nossa situação econômica e coloquei-a encorajada quanto a minha volta certa. Comentei que o pai já tinha ido à última guerra, mas, com certeza, eu voltaria.

Entretanto, a surpresa maior se deu durante o sono, na última noite que passei em minha casa. Esse sonho muito me espantou.

Tornou-se real como as situações de nosso cotidiano.

Lembro-me de que vi uma moça muito bela que me chamou para perto de si, abraçando-me.

Isso pouco importaria, porém o que me tocou e causou estranhamento foi o fato de essa jovem ter usado palavras extremamente divinas e comovedoras, quais as de um anjo a seu tutelado. Disse-me dizeres cristãos, palavras com afetos nobres, e parecia conhecer todo o meu trabalho.

Ao acordar e preparar-me para embarcar na viagem de guerra fiz-me algumas questões: quem era aquela jovem e por que apareceria em meu derradeiro sonho antes de ir ao campo de batalha? Como conseguia essa moça conhecer parte da minha vida? Pelas palavras que dissera, seria ela um anjo?

Ninguém se conformava por eu ter sido convocado para a guerra. Sabiam que era contrário ao regime nazista, ou seja, contrário a qualquer regime preconceituoso e de perseguição. Sabiam ser eu um idealista liberal, tendente à divisão, distribuição das riquezas humanas por meio de oportunidades iguais e justas.

Mas eu sabia o porquê.

Alguns meses antes da convocação militar, entrei em ferrenha discussão com um partidário do nazismo ligado diretamente ao governo de Hitler. Tomado por justiça, defendi meus ideais de solidariedade. Acusado injustamente de comunista, defendi-me e disse a Edward que o comunismo não era meu ideal partidário, mas poderia vir a ser, caso tivesse necessidade de escolher entre esse e o nazismo.

Edward, em ato de revolta, disse:

— Alexander, o governo saberá de suas idéias e, com certeza, apesar de ser homem abastado e da mais alta sociedade, isso acarretará conseqüências inesquecíveis ao seu jeito aristocrático, vulgar e mundano de encarar a política.

Filhos, assim podem compreender por que fui convocado à guerra. Edward era o sacerdote que prejudiquei em existência anterior.

O trem chegara ao ponto culminado, a expectativa trazia demasiada ansiedade íntima. Estaríamos prontos para enfrentar as forças russas? Seríamos a coragem e a determinação do povo alemão? Combateríamos com destemor e orgulho de "nossa raça"?

Nesse turno, indagava-me: até onde e quanto estaria pronto a combater? Seria capaz de matar um semelhante? Seria lícito defender-me? Não teria sido melhor desistir antes?

Não, isso não. Qualquer deserção seria o estopim para a perseguição de meus íntimos, amigos, crianças e familiares.

Já havia sido ameaçado. Estavam prontos a destruir e danificar a instituição e até a casa da família.

Ameaçavam ferir as crianças e condenar minha mãe ao asilo de loucos.

Como poderia eu recusar ir ao campo de combate?

Como poderia imolar alguém? Como poderia fugir?

Deus era fonte de meu viver. As crianças, luz de meus dias. Minha mãe, o porto seguro de meu repouso.

Sentia-me encurralado. Se fosse à guerra e matasse, estaria ferindo meus princípios éticos, religiosos e, principalmente, meu compromisso com Deus. Caso não fosse, minha deserção traria o desespero aos mais íntimos e a crucificação injusta de várias crianças.

Como poderia matar um ser humano se me dedicava à valorização, fortificação e cuidados de tantos seres em crescimento?

Seria lícito, também, atar-me e esperar pela morte?

O que seria e onde acabaria a vontade de viver? Como cumprir com as oportunidades do Pai?

Vive-se, irmãos, por alguns motivos, mas, entre todos, o mais importante é o de viver por Deus, para o Pai, em nome Dele.

A República Federal Alemã estava preparada e fortificada para a Segunda Guerra Mundial. Dispunha de grande contingente humano e bélico. Sua indústria de base havia se transformado, desde o incidente da Primeira Guerra, e se tornado o mais forte pólo industrial bélico do mundo.

Todas as pequenas matérias-primas necessárias para esse conflito a Alemanha possuía, ou tinha quem fornecesse.

Encontrava-se abastecida de homens, submarinos, aviões, navios, tanques e caminhões de guerra poderosíssimos. Entretanto, o que mais chamava a atenção nesse país era a vontade e o orgulho de reinar entre as nações.

Seu povo e governo ostentavam difícil vingança e marca deixada após a Primeira Guerra Mundial.

A derrota não os tinha abatido tanto, porém a forma pela qual foi impulsionada fora trágica.

A França e os outros países denominados por Aliados haviam oferecido à Alemanha o mais amargo e cruel armistício.

Estava ferida em seu orgulho próprio.

O Pacto de Versalhes e suas determinações assinados pelos dirigentes alemães na sala dos espelhos do palácio francês é, sem sombra de dúvidas, um dos principais motivos que levaram a Alemanha e seu líder, Hitler, a conclamar a mais terrível guerra que a humanidade já presenciou.

Desde o tempo da Unificação Alemã, por volta de 1870-1871, efetuada por Bismark, o nacionalismo alemão atuava preponderantemente. Muitas foram as batalhas para a unificação, contra a eterna rival França, contra a destemida Áustria, fazendo com que essa nação se unisse em força e ideal. O ideal da liberdade e união. A união das raças de um mesmo clã.

O povo alemão unido trouxe diversas conseqüências à humanidade.

Entre as mais conhecidas e já citadas, as duas guerras mundiais.

Ao deflagrá-las, teve essa nação unida que reaver seu prestígio e dignidade. Teve que emitir metas e cumprir ideais.

Hitler, um dos líderes desses movimentos, trouxe à essa nação o ideal nazista.

O partido nazista, composto de normas radicais e preconceituosas, facilmente foi aceito, acatado, obedecido e praticado pelo povo alemão. Teve fácil infiltração e implantação não por ser sábio ou revolucionário, mas por aderir com facilidade às tendências orgulhosas, prepotentes e frágeis dos habitantes daquele país.

Hitler é explicado por muitos historiadores. Uns dizem ser este herói e inteligente. Outros, infeliz, mau, prepotente e péssimo estrategista militar. Não nos cabe aqui julgá-lo ou analisá-lo, pois desse dever e posto só Deus detém o cargo, mas podemos apenas dizer ter sido ele uma onda vibratória de fácil aceitabilidade pelos alemães. Isto é, uma vibração mental compatível com a da nação, ao menos pela grande maioria que detinha *status* e parte do poder. Ainda assim, não deixaremos de citar, também, que a grande massa popular lotava seus comícios e impulsionava seus ideais preconceituosos.

Hitler, pelos homens, não foi difícil de ser aceito. Custa-lhe muito, ainda, o perdão de Deus. Também seus planos e diretrizes eram facilmente entendidos pelas nações contrárias à Alemanha, pois suas ações e determinações já estavam explícitas em seu livro *Mein Kampf* (*Minha Luta*), escrito antes de ele assumir o posto de chefe do governo alemão. Neste livro, Hitler mostra claramente seus ideais nazistas, anti-semitas e anticomunistas.

Era contrário à revolução russa comunista, à divisão das riquezas, e baseou-se na tradição nacionalista do povo alemão para impulsionar-lhe o preconceito racial. Utilizou-se do nacionalismo alemão advindo da Unificação de Bismark para incutir-lhes a perseguição contra os judeus, pois fantasiou-lhes a raça pura, a ariana.

Na verdade, Hitler se utilizou de sabedoria infeliz nesse momento, pois os judeus detinham grandes riquezas e dominavam situações econômicas e políticas em diversos países importantes. Assim, conseguiu também um grande recurso financeiro para financiar sua campanha de trevas – a Segunda Guerra Mundial.

Com a posse dos recursos de milhões de judeus, com o grande desenvolvimento da indústria alemã, seu grande contingente bélico e humano e a vasta tecnologia de guerra que a Alemanha possuía, além da revolta e humilhação que esse povo passou após a Primeira Guerra Mundial, foi fácil a tomada de diversos países europeus durante a Segunda Guerra.

Lembramos, neste momento, que não temos aqui nenhum intuito ou pretensão de mudar ou redeterminar o rumo da história. Fazemos estes breves comentários com escopo de uma singela elucidação dos fatos históricos que marcaram a Segunda Guerra Mundial.

Jamais teremos a pretensão de considerarmo-nos invulneráveis ou infalíveis à crítica de incansáveis e inúmeros estudiosos. Fazemos, assim, o clarear a alguns tantos leigos no assunto, como um relembrar a alguns outros esquecidos do mesmo.

Os acontecimentos históricos, seus marcos, conseqüências, causas, determinações possuem uma verdadeira história. Esta só Deus sabe e necessita saber. Cabe-nos apenas acatar Suas determinações como humildes pecadores.

Também é mister salientar que os rumos históricos muitas vezes são deteriorados em suas explanações pela mente capciosa e maldosa do homem. Vale lembrar os muitos ocorridos de Jesus e do Cristianismo que foram apagados e distorcidos por homens, ou grupos sociais, políticos, religiosos, cujos interesses não ultrapassaram o próprio egoísmo ou vaidade.

Assim, após a invasão de inúmeros países pelo exército alemão e a derrota para a Inglaterra, Hitler mudou sua tática ofensiva.

Determinou por sua vontade o eixo dos ataques aéreos e terrestres alemães em direção à União Soviética.

Como dissemos, Hitler, após ter sob seu controle o poder financeiro dos judeus – o que fez com a desculpa da supremacia da raça alemã (ariana) – veio a dar andamento a seu segundo objetivo, citado em seu livro *Minha Luta*: o de aniquilar os comunistas. Desse modo, desviou a maior parte das forças alemãs para o combate à República Socialista Soviética.

Essa batalha tomou-se por três frentes: a do Norte, liderada pelo marechal alemão Von Leeb, da qual tive de participar; a do Centro, liderada pelo marechal Von Boock; e a do Sul, liderada pelo marechal Rundsted.

Todas essas frentes visavam invadir a União Soviética, pela República da Rússia, ao Norte até Leningrado; pelo Centro até Moscou; pelo Sul até Kiev.

Lembremos, também, que a União Soviética havia passado em 1917 pela Revolução Bolchevique.

Os historiadores consideram essa batalha uma das mais disputadas e cruéis que o mundo pôde presenciar.

De um lado, o plano alemão denominado Barba Roxa; do outro, o contra-ataque soviético denominado Guerra de Rua, ou Guerra Vermelha, ou Guerra Patriótica.

Havíamos chegado ao acampamento militar alemão nos Bálcãs, portanto ao norte da União Soviética, aproximadamente a 600 quilômetros de Leningrado, ponto alvo da pretensão militar.

Contingentes e mais contingentes se reuniam naquele posto militar, recebendo instruções, táticas de guerra, armamentos pesados, indispensável alimentação.

Pude notar a presença de outros exércitos. Isto é, soldados de outros países. Conosco permaneciam os romenos e os finlandeses, todos com um só ideal: aniquilamento de seres humanos.

Não podemos deixar de ressaltar que permaneciam com todos, também, a saudade e a expectativa.

Sempre mais e novas interrogações vagavam em meu íntimo. Como poderíamos atacar, ou andar com tantos armamentos? Aqueles belos e imponentes veículos militares seriam tão mais úteis no auxílio do povo de seus países que naquela luta desleal! Como e por que aquelas unidades panzers matavam tantas pessoas?!

Sim, filhos, os tanques-panzers eram uma das armas alemãs mais poderosas. Dominavam cidades em minutos. Destruíam casas, templos, hospitais, a natureza. Os mísseis que lançavam devastavam quilômetros ao seu redor. Pior, não só destruíam a natureza ou obra de Deus, mas suas pérolas mais caras, sua obra mais valiosa: as vidas humanas. Suspiravam em desaparecer com a oportunidade de milhões de vidas em poucos ataques.

Assim, recrutado, como já disse, por vingança pelo ato de cólera e orgulho do irmão Edward, eu estava lá. E ali tinha de permanecer para o bem de meus familiares, amigos e crianças.

O ódio, leitores, é um mal corrosivo para as nossas energias vitais. Com amor devemos pagar o ódio. O melhor remédio para expulsá-lo de nossa alma é a caridade ao próximo, pois com ela estaremos em paz interior.

III

Da infância à maturidade

ERA EU NASCIDO nos idos de 1902, mais precisamente no mês de março, na cidade de Düsseldof, na Alemanha.

Mamãe contou-me que desde bebê era agitado e inquieto. Nos cinco primeiros anos de existência terrestre, disse-me ela que era arteiro e levado. Inúmeras vezes caí das árvores do quintal da casa de minha família. Uma vez, subi no telhado escondido de meu pai, que o escalara para arrumar algumas telhas quebradas. Distraí-me e caí. Quebrei o braço esquerdo, a perna e o pé direito.

Gostava de ir às missas aos domingos e ouvir os ensinos de Jesus, pela boca do padre. Talvez por reminiscências passadas. Empolgava-me com as festas de final de ano, em especial a de Natal. Era época marcante para os meus sentimentos íntimos, em que mamãe fazia quitutes diferentes e deliciosos. Tempos em que eu, Munit e Pierre fazíamos os bonecos de neve. Dias em que nossos pais nos levavam para esquiar nos Alpes e patinar nos lagos congelados. Hora de confraternização da família. Recebíamos visitas de tios e tias que moravam distantes. Visitávamos primos da mesma cidade, despertando-me alegria, pois sentia-me sozinho por ser filho único. Não longe, levávamos preces, velas, flores e ornamentos aos túmulos de meus avós paternos e maternos.

O do vovô Alfred, pai de meu pai, era o túmulo que mais gostava de visitar. Papai e eu costumávamos, nos tempos de Natal, permanecer por mais de duas horas ofertando ao vovô nossos agradecimentos pelas lições a nós deixadas. Mesmo quando das nevascas fortes, não deixávamos de comparecer ao túmulo do vovô, pedindo-lhe paz onde estivesse. Como já disse, ele foi o pioneiro na formação da construtora herdada pelo meu pai, e depois por mim. Eu, papai e mamãe morávamos na casa que ele havia construído e dado de presente aos dois, pelo casamento. Minha mãe gostava muito de comentar uma frase que ele sempre dizia para ela, mais ou menos assim: “Elisabeth, sabes que a tenho como filha. Sabes, também, qual o valor de ter um filho. Por isso, cuide bem do meu, que eu vou ajudá-la a cuidar do seu”.

Minha mãe, dona Elisabeth, era responsável e exigente. Algumas vezes exagerava nas cobranças a meu pai. Eu tinha um respeito profundo por minha mãe, mulher de honradez ilibada. Entretanto, tinha verdadeiro amor por meu pai. Éramos mais que pai e filho. Talvez irmãos; com certeza companheiros. Ouvia-o em todos os instantes. Observava seus gestos e atitudes. Procurava comparar meus comportamentos aos dele, muitas vezes imitando-o. Senti profundamente sua morte na Primeira Guerra Mundial. Contava naquela época dezesseis anos de idade. Cedo ele me ensinou o valor dos estudos. Colocou-me aos oito anos no colégio interno de nossa cidade. Eu passava a semana lá, voltava para feriados, férias e fins de semana. E quando voltava, nesses períodos, não largava de meu pai. Dos seus conselhos, dos ensinos de engenharia, ensinando-me nas obras que visitávamos a ser um excelente mestre-de-obras, para tornar-me um promissor engenheiro.

Também para o colégio interno foram meus melhores amigos, Munit e Pierre. Seus pais, assim como os meus, queriam o melhor para o nosso futuro.

Lembro-me bem de nossos professores sábios, porém extremamente rigorosos. Ali aprendi a ter disciplina e a me concentrar nas diretrizes que queria para meu futuro. Aprendi também a ser fiel aos amigos e disponibilizar palavras úteis àqueles que necessitavam, pois muito penosas eram a disciplina e as provas desse colégio.

Era uma instituição para ambos os sexos. No entanto, completamente dividido. Os aposentos eram separados em prédios distintos para homens e mulheres. O refeitório também. A sala de aula e os professores continuavam a separar os sexos, como se a união de ambos fosse um pecado. Ali, os rapazes preparavam-se para a faculdade. As moças, para serem inteligentes donas-de-casa. Podíamos apenas ter contato com as meninas fora da escola ou na biblioteca. Por isso, esse era o local mais procurado nas horas de folga e intervalos de aula.

— Venha conhecer Nicole – disse-me Pierre, numa dessas horas na biblioteca.

— Pois não. Como vai, Nicole? Meu nome é Alexander – apresentei-me, sorrindo, aguardando também uma resposta.

— Eu já sei, Alexander. Seu amigo me falou. Há muito quero falar-lhe.

Novamente redargüi, atenciosamente:

— Certo. O que quer de mim?

— Gostaria de conversar à parte com você.

— Claro – obtemperei.

Encaminhei a moça para um lugar mais ermo, com intuito de trocarmos algumas impressões sozinhos, sem interferência de nenhum amigo meu ou amiga dela.

Uma vez à vontade, sem ninguém a nos ouvir ou nos perturbar, ponderou Nicole:

— Acho você bonito. Gostaria que namorássemos!

Fiquei surpreso com os dizeres da mocinha, e escondendo-nos, dei meu primeiro beijo aos treze anos, a mesma idade da moça. Mantivemos esse namoro até terminarmos os estudos nessa escola. Um ano após o falecimento de meu pai, Nicole queria que eu assumisse nossa relação mais seriamente; todavia, meus objetivos eram outros: a faculdade e dirigir por completo os negócios de meu pai. Além disso, sentia por ela apenas um friozinho na barriga. Não podia desonrá-la nem assumir um compromisso que não fosse cumprir. Tão menos iludi-la e comprometer-me em dívidas espirituais futuras.

Eu, Munit e Pierre ingressamos na Universidade de Berlim. Munit para estudar medicina. Pierre e eu, engenharia. Tirando o futuro médico, que após formado se casou e constituiu família, nós dois tivemos algumas aventuras amorosas com moças, que assim como nós não queriam laços sérios. Estávamos, sim, casados com a engenharia. Nossos projetos eram arranha-céus. Imaginávamos construir um prédio tão alto que ultrapassasse as nuvens e chegasse a Deus. Estávamos enleados com o progresso da Alemanha e da Europa. Tornei-me, enfim, responsável direto pelos negócios herdados de meu pai, que ficaram a cargo de um irmão de minha mãe até que eu pudesse concluir o colégio e o ensino superior; quando formado, trouxe Pierre para ser meu braço direito. Assim como outros amigos que fizemos no decorrer do curso. Estes veladamente me auxiliaram financeira, moral e materialmente na criação da instituição de caridade.

Foram eles que trouxeram voluntários e que subsidiaram os serviços, quando fui convocado para a horrível guerra. Desse modo, como vêem, não tive irmãos de sangue; todavia, inúmeros são e foram os do coração.

Queridos irmãos, o amor em seu verdadeiro sentido espiritual é pureza gratificante que afasta os pensamentos inferiores como o egoísmo, o ódio, o pavor, o orgulho, a vaidade. Amar o próximo como a si mesmo é lição máster deixada pelo nosso Mestre Jesus, que, devidamente aprendida e praticada, nos levará à Casa da Felicidade.

Fui destacado para o segundo pelotão de infantaria, o qual acompanharia a invasão primeira das imensas máquinas destruidoras: os panzers.

Tive muitos dias de treinamento. Algo que de nada me valeu, pois aprender a matar vidas não me aguçava a curiosidade, nem em tempo, nem em vontade.

Segui as determinações com disciplina.

Nesses dias, em poucos momentos de descanso, além da recordação doída da minha mãe e das crianças, consegui observar a imensa floresta que se apresentava ao redor do acampamento.

Lembremos que estamos no limiar de agosto de 1941, e o verão irradiava seu calor e esplendor.

O sol brilhava como fonte de energia emitida por Deus. Dele consegui absorver força, fé e perseverança para enfrentar a mais árdua tarefa de minha vida. Através dele, consegui reconhecer em mais alto aprendizado como o homem era, é ainda e será, por muito tempo, pequeno diante do Maior.

Notava-o não só como luz de iluminar diário, mas como archote de clarear interno. Cada vez que o sentia pela alma, recebia a complacência do Céu Maior e compreendia minha inferioridade. Sim, tantos atrativos Deus nos proporciona pela natureza. Só o homem pode compreender. O Pai, sábio e justo, nos concede o livre-arbítrio para que encontremos meios justos, caridosos, sábios, beneficentes de nos ajudarmos e entendermos, e não de nos destruirmos.

Fazia sempre nas noites as preces do coração. Aliviava-me com elas. Colocava-me em contato com os anjos maiores para que as aflições momentâneas fossem superadas. Isto fazia por meio de mais uma das dádivas de Deus. Olhando compenetradamente a lua. Ah! Lua, bela, doce e majestosa. Companheira dos solitários e desesperados.

Realmente esse corpo celeste se fazia brilhar muito lindo na região dos países bálticos. Parecia estar mais próxima da Terra. E em noites de verão iluminava todo o chão, como a nos dizer os caminhos a seguir, como fez certo homem dois mil anos atrás. Através de doces e carinhosas preces-parábolas; através de preces-ensinamentos, o Filho Maior mostrou-nos o percurso para a Felicidade, dedicou-nos Sua vida.

Jesus, o homem de barbas e cabelos longos; o Espírito-Luz dos ensinos e das verdades de Deus. O Pastor das ovelhas. O Orador do céu. A paz, a verdade, a salvação.

Chegada a hora de partir.

Meus conhecimentos técnicos na área da engenharia e da religião só me mostravam o percurso do amor ao próximo, da construção de um mundo melhor.

Como aprender a matar?!

Sim, ou matava ou morria. Mataria meu irmão, um ser humano como eu? Mataria alguém que poderia ser pai, ter uma família? Uma pessoa que cuidaria ou cuidava de crianças como eu? Mataria pelo orgulho pretensioso e fraco de alguns que, com certeza, não tinham Deus no coração? Conseguiria apunhalar alguém com as armas do ódio? Conseguiria alvejar um ser humano sem o murmurar das palavras da caridade e do puro amor?

Ou deveria morrer? Ter a morte consciente, por um suicídio premeditado? Deveria me deixar ser atingido por um projétil sem defender-me?

Era lícito o suicídio consciente?

O Pai nos criou, é justo aniquilarmo-nos?

Assim, fui à marcha.

A marcha do infortúnio.

A marcha pela floresta. A floresta que antes me propiciava alegrias, naquele instante se mostrava consoladora. Pois nela conseguia eu enxergar o Criador e ver mais longe, o Calvário do Mestre.

Gritavam todos o nome de Hitler.

Berravam frases desconexas:

— Vamos vencer!!!

Deveriam balbuciar:

— Paz! Paz em nome de Deus! Paz pelo amor do Pai!

Filhos, estes realmente foram os passos mais difíceis e longos que já caminhei. Meu corpo se apresentava pesado. Meu espírito, contrariado. Parecia dizer-me: "Esse não é o sentido correto! Volte!".

Entretanto, existia uma força maior, uma luz suprema me condicionando o coração; a fé em Deus.

Somente com ela caminhei. Somente por ela caminharia novamente. Somente através dela encontrei o fruto abençoado de meu destino.

Consultem sempre, amigos, vossas consciências, e em variadas e repetidas vezes questionem-nas: "Estou no caminho certo?".

Se a resposta for por meio dos ensinos de Jesus, sigam com a luz da lua e o brilho do sol do Pai.

Se a resposta for "não", recondicionem seus pensamentos, suas ações e verbos pelas verdades trilhadas pelos cristãos.

IV

Primeiros passos rumo ao destino

A CAMINHADA ANTE AS HORRENDAS VIBRAÇÕES que o estado de guerra propiciava mostrava-nos que Jesus sempre e sempre nos orientou corretamente por meio de suas parábolas. A marcha comumente seguida pelos soldados trilhava o caminho da dor e do ódio. O ódio filho do egoísmo, primo do orgulho.

Fazia-me ponderar sobre a quantidade de pensamentos e atitudes mesquinhas que detinham os homens.

O poder de alguns manipulava o jogo da vida de milhões de pessoas.

O que esperar do futuro diante de tantos e terríveis sofrimentos?

O que esperar do amanhã, quando éramos guiados pelos filhos da prepotência e orgulho?

O jogo do poder sempre terá um resultado: o mal. Sempre atuará com interesses perversos e resultará em desgraça.

Como poderemos seguir a estrela do amor plantada por Jesus se a trocarmos pela direção da flecha da destruição?

Deixemos a ingenuidade e a fraqueza interior de lado, e por vez final saibamos que o homem possui o mundo que construiu por meio de seus infrutíferos pensamentos e ações.

Saibamos que este mundo pode mudar e a Luz do Alto pode iluminar a todos com a compreensão e o amor mútuo.

Durante os primeiros dias em viagem por esse estirão de trevas, atravessamos mata fechada em extensa floresta.

Não podíamos deixar de notar os intensos ataques que as máquinas panzer e os poderosos tanques de guerra alemães ocasionavam.

O primeiro pelotão atacava as forças inimigas sem dó nem piedade, provocando imensos clarões destruidores na floresta e nas diversas vilas populares. Essas vilas não constituíam cidades, apenas pequenos agrupamentos humanos civis, facilmente vencidos pelo exército nazista.

Os poucos sobreviventes eram submetidos a humilhações, e seus pertences, ou pequenas casas, saqueados.

Muitas vezes esses vilarejos paupérrimos eram devastados por completo, e seus habitantes, mortos, pois, nada sofriam de punição os comandantes militares, em virtude de esses locais não constituírem cidades localizadas no mapa; portanto, não eram zonas civis consideradas militarmente.

Durante esses cruéis ataques, nós do segundo pelotão permanecíamos em prontidão e alerta. Não havíamos até aquele momento utilizado nossas armas, visto que a invasão do primeiro pelotão era rápida, eficaz e poderosíssima. Em poucos dias havíamos avançado quilômetros e dominado pequenas cidades e vilas.

Continuávamos o percurso da dor prontos para ser chamados para brindar o terror, com as armas da violência e do abismo das trevas.

Quanta ignorância!

Quanta brutalidade!

A destruição só me fazia lembrar que o ser humano havia evoluído tecnicamente, mas quanto à alma continuava a se assemelhar aos ignaros homens primitivos.

Nesse ínterim, entre um descanso, almoço ou sono, continuei cultivando amizades e trocando experiências com diversos soldados.

Havia conhecido alguns durante os dias da viagem de trem.

Como em qualquer relacionamento humano, existiam dois homens com quem simpatizei, e compartilhamos vivências maiores.

Roboels, um senhor de quarenta e cinco anos, muito forte e sadio, tinha me contado sua história.

Era pai de três moças, duas em plena adolescência e uma em idade adulta. Disse-me que sua esposa morrera no parto da filha caçula e, mesmo assim, educou todas as moças pelos princípios da boa norma e ditames religiosos. Narrou-me sua vida, e muito comovido fiquei.

Após a morte da esposa, Roboels passou por algumas dificuldades financeiras, pois o pequeno comércio que possuía havia entrado em processo de falência logo após a Primeira Guerra. Mesmo assim, voltou suas forças para o trabalho árduo de lenhador, e, em pouco tempo, com o empréstimo de alguns judeus, reconstruiu seu comércio, agora de maneira mais ampla e bela. Tornara esse estabelecimento mais confortável e produtivo. Em alguns meses saldou sua dívida e proporcionou melhores condições de vida às suas filhinhas dentro de sua posição econômica.

Devo salientar que ele teve de criá-las sem ajuda familiar, uma vez que sua pequena família e a da sua esposa haviam morrido na guerra anterior.

Sendo descendente de franceses e belgas, tinha o restante de seus familiares naqueles países, mas preferiu permanecer na Alemanha, onde já tinha construído base sólida, a ter de enfrentar um país desconhecido e rival em busca do ganha-pão diário.

Assim, homem religioso, praticante do catolicismo, era assíduo freqüentador das missas aos domingos.

Certo dia, disse-me que ouviu o padre comentar a bíblia com os olhos fechados, em profunda concentração, quando do capítulo do Evangelho de Mateus, na parábola da fé que move montanhas.

Roboels narrava-me esse fato com profunda espiritualidade e não deixara de transparecer sua emoção ao pensar que todos nós, pela nossa fé, poderíamos transferir aquela guerra para a mais completa paz, amor e harmonia.

Daí, como tinha arduamente lutado para se reconstruir da também inútil Primeira Guerra Mundial, não era adepto ao nazismo.

Jamais se deixou contaminar pelos dizeres preconceituosos desses partidários, pois, além de ser de origem de outras raças, também só havia conseguido se erguer monetariamente com a ajuda de um grupo de judeus que lhe tinha feito o salvador empréstimo.

Suas filhas, de boa educação e índole, que ficaram na cidade de Düsseldorf, não se surpreenderam, assim como Roboels, com a convocação para a guerra.

Um dia perguntei ao amigo:

— Por que não ficou surpreso com essa convocação, sendo você o único arrimo da família e não sendo mais nenhum jovem?

Com um sorriso irônico, Roboels deste modo dissertou:

— Como poderia não ter sido convocado?

E, alargando o sorriso, complementou:

— O que esperar de um regime preconceituoso?! O que desejar de um sistema que prega as desigualdades?! Que se alimenta do ódio?! Que vê como certa a hegemonia de uma raça! Que olha o próximo não como irmão, mas como escravo e objeto! Já era sabido que eu havia recebido empréstimo judeu. Conheciam ser eu contrário à guerra e à destruição de raças. Também sabiam de meu parentesco com franceses e belgas. Ora, Alexander, não tem conhecimento da rivalidade entre alemães e franceses?

— Sim – respondi com firmeza.

— Pois então – redargüiu o homem pai das três moças indefesas –, como queria que um contraditor do regime nazista passasse livre, sem sofrimento? E mais: eu nem ao menos contribuía financeiramente para a causa desses fanáticos.

— Caro Roboels – voltei a indagar-lhe –, como e onde ficaram suas filhas?

— Em minha própria residência – respondeu o prestimoso senhor. – A mais velha, Mônica, sabe cuidar das menores. Ficou com a tutela delas e com a responsabilidade de administrar o restaurante. Deixei o gerente, que é de minha extrema confiança, com cargo da administração física do estabelecimento, e Mônica, com a financeira.

— Por acaso já passou por sua cabeça a possibilidade de não voltar a vê-las?

— Sim. – E dirigiu-me um olhar sereno e triste.

— E o que será delas? Deixou esse entendimento para Mônica? Comunicou-lhe o que deve fazer caso isso aconteça? – novamente o interroguei.

— Mônica assemelha-se muito à mãe. É caprichosa, trabalhadeira, educada e muito vivaz. Tão esperta quanto a mãe, que inúmeras vezes apontou-me saídas inteligentes para aumentar meus lucros no negócio. A conversa com Mônica e suas jovens irmãs foi dolorosa. Não pude esconder-lhes essa possibilidade, deixei-lhes minhas determinações. Algumas inclusive por escrito e registradas. Não consegui me furtar a dizer-lhes que...

— Quê? Diga amigo?

— Que poderia não voltar. Mas faria todo o possível para retornar ao lar. Ao mais, lhes comentei que confiassem em Deus, o Pai justo e misericordioso.

— E você, amigo? – objetei-lhe. – Tem fé suficiente no Pai para acreditar que voltará vivo?

— Tenho, Alexander. Entretanto, desde o início desta horrenda guerra, venho sonhando incessantemente que o meu final está próximo.

— Como podem ser tão injustos esses homens, esses chefes de governo, esses nossos comandantes?

— Alexander – respondeu o homem, sem balbuciar –, não são eles que nos conduzem ao erro ou à dor. Somos nós mesmos que isso fazemos através de nossas vontades.

— Ah! – então lhe disse – você também pensa como eu.

E em poucos minutos comentei minha tese religiosa sobre ser o próprio homem o causador de suas dores ou alegrias.

— E mais – disse Roboels. – Todos nós temos culpa consciente e inconsciente, direta ou indireta, nos episódios históricos da humanidade.

— Assim mesmo não deixo de considerá-los cruéis. Ainda não consigo admitir a idéia da separação forçada entre pais, filhos, casais!

— Então, Alexander, não só a separação é o mal ou sofrimento maior. Em meu caso, tenho três filhas, sendo uma delas adulta. Já imaginou se tivesse crianças pequenas e não conseguisse retornar? Qual seria o destino delas? E sua instrução? E a boa educação? Dou graças a Deus por minhas meninas poderem muito bem buscar o futuro próspero.

Nesse instante fomos interrompidos por funções imediatas. Havíamos combinado pela noite perquirirmos mais sobre tais assuntos.

Após a conversa, algo em meu íntimo passou a me atrair para pensamentos profundos.

Ouvira com atenção o que Roboels tinha me dito. Admirava sua firmeza e fé em Deus. Confiava nas filhas dele, mesmo sem conhecê-las, pois a educação e a formação que receberam trariam sucesso às suas vidas, mesmo sem o retorno de seu pai. Com toda a certeza formariam novas famílias com esposos dedicados e fiéis, como Roboels, seu pai.

Contudo, a perquirição d'alma não afastava de mim a idéia de minhas crianças.

Como ficariam elas?

O que seria de seu futuro, caso eu não voltasse?

Como iriam se sustentar?

Sim, a certeza da bonança material que a nossa família possuía era grande, entretanto, a mina de ouro, apesar de abastada, precisava ser frutificada e multiplicada. Além do mais, a instituição arraigava inúmeras e gigantescas despesas; quem seria o novo responsável por esse acréscimo de patrimônio?

Quem tomaria o meu lugar de equilibrador financeiro, caso não retornasse?

Existiria alguém que isso fizesse?

O patrimônio familiar há muito construído pelo meu avô, e aumentado pelo meu pai, avolumado pelo meu esforço, na certa teria um fim, caso não fosse multiplicado.

Nesse oceano de dúvidas cruéis, a dor e sincera revolta por ter sido convocado me traziam algumas lições.

A mais importante, filhos, era a da fé em Deus.

Eu confiava todas minhas preces em súplicas de proteção. Não só à minha pessoa, mas a todos. Em especial, às crianças e minha mãe.

Irmãos, o desespero humano, muitas vezes, incontinente em nossos raciocínios só tem cura em um único ser: Deus.

Somente com fé Nele poderemos superá-lo.

Devemos entender também que a dor é forma de aprendizado. É meio de resignação.

Saber sofrê-la é saber adquirir e aprender com o espírito. É encaminhá-lo às esferas mais altas. É determiná-lo ao monte sagrado da santa luz e adorável paz de Deus.

Nesse interstício temporal, antes de novas elucidações com Roboels que aconteceriam durante a noite, pude novamente notar a magnitude e a supremacia do Pai.

Ante os estampidos dos canhões ferozes fazia-se ouvir o sublime encanto dos pássaros e dos animais da floresta.

Era claro que se volviam assustados à procura de novos abrigos, na construção de novos lares. Todavia, era gratificante a presença das aves.

Os pássaros podiam expressar para nós com admirável singeleza a conotação de liberdade. A liberdade dada pelo Pai. A liberdade advinda do Maior. O livre-arbítrio que nos concedia.

Os pássaros, por meio de seus vôos, eram amostras da prisão em que estávamos confinados.

Como podem os homens, após tantos séculos dos ensinos de Jesus, conservarem-se em cárceres forçados?!

Enquanto aqueles animaizinhos voavam em altas e diversas direções, nós, os seres humanos, filhos do mesmo Pai, concedíamos a nós mesmos o cerrar das oportunidades. Enquanto eles voavam em direção ao Maior, nós nos condicionávamos na trilha da dor, do ódio e da impiedade. Enquanto eles buscavam o alimento da vida, nós trazíamos a comida da morte. Enquanto eles enxergavam o Sol da Salvação, nós escurecíamos nossos caminhos pela ignorância, pelo erro, na senda das trevas e dos infortúnios.

Eles buscavam a eterna e sublime vida. Nós trilhávamos o abismo escuro, o atascadeiro do sofrimento.

Mesmo assim, efetuando as tarefas incumbidas pelo superior hierárquico, não pude deixar de com ele trocar algumas impressões.

Já era de meu conhecimento seu nome: capitão Gherard, militar havia dezoito anos. Não era homem presunçoso e arrogante, o que o fazia diferente dos demais comandantes. Possuía algumas condecorações militares e havia participado, nessa mesma guerra, da invasão da França e Bélgica.

Certo momento, atrevi-me a perguntar-lhe:

— Capitão Gherard, o senhor conhece o objetivo da missão mais que todos nós. Será que poderia me dizer por que estamos como o segundo pelotão de infantaria?

— Soldado Alexander – disse-me, sem aspereza –, o exército soviético, apesar de não tão bem preparado como o nosso, está em maior número e com quantidades razoáveis de armamentos. Assim, devemos transparecer primeiro que todas nossas forças estão contidas no primeiro contingente bélico, para que o inimigo creia estarmos nós em número extremamente inferior ao dele. E, caso os soviéticos consigam vencer grande parte de nossas forças, agiremos com rapidez. Ao mais, este segundo contingente militar conserva poderoso hospital ambulante, reserva de armas e munições, recebimento de alimentos e de retaguarda infalível a qualquer surpresa inimiga.

— Muito obrigado pela informação, capitão – agradeci eu, sem vacilar, formulando mais uma pergunta sem que ele esperasse: – Capitão, espera a destruição do inimigo em quantos dias? Qual o tempo provável da ocupação de seu território?

— Soldado – afirmou, em tom fraternal –, a guerra só tem um inimigo: a dor e a destruição. Do resto, só ocuparemos quando praticarmos e efetuarmos da melhor maneira possível nossas forças no ataque traiçoeiro e pérfido.

— Sim – concordei, pondo fim às questões.

Naquele momento, consegui absorver mais uma lição de Jesus. Que ensinamentos sábios tinha nos transmitido havia muitos séculos...

Realmente éramos muito pequenos perto do céu. Éramos grãozinhos de areia no deserto perto da Lei do Eterno.

Muito havia julgado os comandantes e chefes de governo como se todos fossem iguais. Mas Gherard, se assim posso chamá-lo, ensinou-me a parábola do não julgar, do não olhar o argueiro no olho do irmão.

Sim, mais uma vez o Mestre estava certo. Eu reparara nos erros alheios, enquanto não percebia em meu próprio olho a trave. Havia eu proferido muitas críticas, muitas condenações e julgamentos, assumido assim a posição que só Deus detém: a de Julgador Supremo.

Gherard tinha me mostrado que nem todos eram iguais. Aquela frase sobre a guerra, sobre a vitória ou ocupação de territórios de países estranhos; aquele breve conceito sobre inimigos fazia-me mudar por completo a idéia de que todos os comandantes alemães eram desleais. Com certeza, alguns deveriam ser como o capitão Gherard. Com certeza, muitos participavam dessa triste vergonha mundial por motivos justos ou justificáveis.

Não havia mais dúvida: aqueles acontecimentos estavam mudando, e muito, minha maneira de entender e encarar a vida. Mudavam muito a idéia e a prática dos ministros de Jesus.

O Senhor sempre dizia "não julgueis para que não sejas também julgado"; "não condenes para que também não sejas condenado".

Era óbvio que a fé que detinha no Pai Maior não só me mostrava ser aquela guerra uma lição, uma tarefa, uma dor, um sofrimento, mas também uma esperança a fim de poder eu evoluir. Não material ou egoisticamente, e sim em minha alma.

Estava agora decidido a enfrentá-la, não com as armas das trevas, mas com a compreensão e o entendimento do Céu Maior.

Deus havia ali me colocado não para matar, não para morrer, mas para viver os ensinos de Jesus, para compreender suas lições, para sentir a dor que muitos cristãos sentiram em transmiti-las, séculos atrás.

Assim, na noite em que eu e Roboels estávamos de folga, isto é, não estávamos em guarda, voltamos a trocar mais algumas impressões.

Desse modo, relatei-lhe com entusiasmo o que ouvira de nosso capitão, e ele assim comentou:

— Caro homem, deves imaginar que todos os comandantes são ruins. Que todos eles amargam o coração da impiedade. Diga-me, não imaginas estar algum deles na mesma situação ou condição que a nossa? Nunca passou pela sua cabeça terem eles sofrido igual coação, ou constrangimento, a participar desta guerra como nós?

Realmente essa possibilidade, até antes de conversar com Gherard, não havia adentrado em meus pensamentos. Então, respondi-lhe assim:

— Não tinha pensado nisso. Mas agora compreendi que os homens que sofrem, lutam e alegram-se construíram este mundo. Por isso é claro notarmos que muitos "poderosos" sofrem também as dores da não aceitação. Seus pensamentos também não são partilhados por outros tantos, que visam somente ao nocivo. Contudo, Roboels, não consigo compreender como isso acontece.

— Nem eu.

Após breve pausa, acentuou, severamente:

— Se tivesse notado melhor, poderia ter enxergado que assim também pensa nosso médico de acampamento. Ele também não possui as idéias mesquinhas e infrutíferas de outros perseguidores da paz. E aqui veio parar por meio de fortes ameaças e tormentos. Não conhece o caso de Petterson?

— Não – respondi, sem hesitar.

Algo animou meu íntimo, e meu ser pedia o encontro com aquele médico não só pela curiosidade normal do ser humano, mas algo pedia essa conversa, que já me transparecia construtiva nesse meu novo ideal para a guerra: a de construir a felicidade da alma...

V

O caso Petterson

A NOITE FINDAVA, linda e maravilhosa.

Era hora do recolhimento para o merecido descanso.

As pernas, os pés e o corpo mostravam-se exaustos após inúmeras palmilhadas.

O sistema nervoso parecia desgastado ante as infindáveis tensões e precauções diárias.

Era necessária a recuperação das forças orgânicas.

O viver diário em contínuas perturbações transparecia em forma de fortes dores musculares, lombares e de cabeça.

Muitos que não estavam devidamente preparados já haviam batido às portas do ambulatório médico do acampamento.

Era necessário, pois, o ato de dormir, a fim da restauração psíquica e orgânica.

Entretanto, e mais uma vez em quase todas as noites que passei nesses infelizes dias de recrutamento militar, não fui dormir sem observar as estrelas do céu.

Como estavam brilhantes nessa ocasião! Pareciam querer sorrir. Transpunham o que podemos chamar de belo e, para variar, não deixavam de ser acompanhadas pela bela e radiante lua.

Nesse observar de homem que se encanta com a obra divina, comecei novamente a indagação íntima. Dispus-me mais uma vez a ponderar observações e predicações sobre os assuntos que tinha acabado de conhecer, tecendo laços com outros que já conhecia.

Como o homem podia colher o prejuízo que causou no ontem?

Conhecia perfeitamente a Lei da Ação e Reação, compreendia que um criminoso pararia na cadeia, que o ladrão responderia por seus atos em juízo. Como responderia o homem do agora pelos atos do ser humano de ontem?

Alguns minutos meditei reservadamente sobre o assunto. Também não pude deixar de pensar nas crianças e em minha mãe. Como estariam?

Novamente o cansaço fortíssimo abateu-me e, antes de dormir, fiz minha prece noturna, aquela em que pedia a proteção ao eterno Pai:

Pai Nosso,
Concede-me a graça do sono reconfortante
Dê-me a força para o despertar esperançoso
Oferte-me o remédio a meu corpo e mente

Pai Querido,
Olhe por vosso filho que tanto O estima
Mas olhe também pelas crianças que tive que deixar
Conforte-as com Seu sopro de amor
Ampare-as com Sua bênção de Pai
Abrace-as com Seu corpo de anjo
E ame-as como me tem amado

Pai Maior,
Responde às minhas súplicas
Não com o pão material
Mas com o alimento de Seu Reino
Dê-o a mim, às crianças necessitadas
Concede-o Pai aos aflitos desta guerra odiosa

Pai eterno,
Olhe por minha mãe
Dê a ela o sono reconfortador e a fé de que voltarei
Garantindo-lhe a saúde e o aconchego

Pai de Sempre,
Concede a todos os que aqui e no mundo
Brigam pela terra, pelo pão
Matam-se pelo poder; a Paz
Mas indique-lhes, Pai, o caminho que Seu filho nos ensinou
E abra-lhes os olhos na trilha do amor

Amém...

Durante o sono noturno, fui despertado por um relâmpago seguido de um forte trovão.

Estava em sono profundo e havia acabado de sonhar de novo com a moça morena do mesmo sonho de quando estava na Alemanha.

Não pude deixar de notar a semelhança deste com o anterior. Neste último havia uma particularidade. As palavras que ela emitia eram ainda mais doces que a do primeiro. A jovem parecia mais viva e nítida, e sussurrava com os olhos abertos e ombros cobertos por um xale branco, alvíssimo:

— Não tenha medo, venha. Deus sempre estará a protegê-lo e ampará-lo. Abra sua alma para as novas lições e confie na espiritualidade de seu espírito. Creia no Pai, confie e aplique nosso Mestre.

Jesus é benevolência, é professor. Nosso espírito jamais esquece suas lições. Suas parábolas comprazem o amor, a caridade, a fé. A dor bem sentida é uma das esferas necessárias a nossa senda evolutiva. Confie em seus dizeres: "Aquele que tiver a fé do tamanho de um grãozinho de mostarda poderá transportar a montanha". Alexander, alicerce sua fé nestes ensinos. Seus pequenos restos de egoísmo e materialismo se afastarão e, desse modo, poderá, mesmo ao longe, ajudar mais sua mãe e as crianças da instituição. Saiba que, quando o Mestre se refere que vivamos a morte, pois nela encontraremos a paz eterna, refere-se à vida. Mostra-nos o caminho que devemos seguir durante a estada espiritual terrestre. Diz: "Vivam a vida pelo caminho do espírito, pois aquele que só quiser viver morrerá". Ora, Alexander, aquele que só pensar no ouro, no egoísmo e nas pretensões puramente materiais morrerá em espírito, terá perdido mais uma oportunidade do Pai. Tenha certeza de que o melhor recanto, o mais salutar, o melhor remédio é o que damos à alma. Viva a ti; viva a tua evolução d'alma. Dedique-se a refinar seus pensamentos e preces não pelos desejos mesquinhos que se apagarão com o tempo, mas em profundas orações e atos de amor, caridade, pois, mesmo que escritos na areia, não sumirão com as tempestades e os fortes ventos. Sua fé no Pai será então forte o suficiente, e o amor que já abriga no coração terá transposto as barreiras do agrado material; mas terá chegado ao Monte Sublime do Reino dos Céus. Não se esqueça, Alexander, tenha fé, a fim de que repartas o pão amoroso de nosso eterno Pai. Não esqueça fé... fé... fé...

Assim, acordei.

Tive poucos momentos para raciocinar sobre tão profundo sonho.

Estavam nele contidos muitos ensinamentos. Seriam normas que deveria seguir?

Mas eu já me considerava um homem em fé.

Quereria aquela encantadora moça me mostrar novos caminhos?

Talvez estivesse a me encaminhar a lições ainda não compreendidas por mim.

O que quereria dizer com fé espiritual?

O que dizia ao se referir ao dito do Mestre: que aquele que só quiser viver morrerá, mas aquele que viver espiritualmente viverá para sempre?

A qual paz se referia?

Como transportar as montanhas em meio à guerra?

De todo modo, o que mais transparecia em meu rosto ao acordar no novo raiar do dia era o sorriso de esperança e perseverança.

Acordara mais uma vez com a fé que deve ter um filho no Pai.

Sentia-me mais fortificado para enfrentar mais um dia de batalhas, não as da guerra bélica, mas as da guerra interior, as dos problemas humanos.

Logo saímos a marchar.

Pude, ainda, mais uma vez me questionar:

Quem seria aquela jovem?

Um anjo?

Um anjo da guarda?

Um enviado de Deus a me fortificar em razão dos terríveis sofrimentos pelos quais passava?

Por que dessa vez vestia um xale tão branco e luminoso que ofuscava minhas vistas em pleno sonho?

O que tudo isso significava?

Muitas eram as perguntas, e infindáveis as respostas. Mas uma dúvida me avassalava: aqueles sonhos seriam meras ilusões?

Tinha plena convicção de que, mesmo estando passando por enormes tumultos e conflitos internos, e também externos, aqueles sonhos eram divinos, e não simples fruto de minha imaginação.

Sim, eles para mim eram frutos do coração e amor de Deus, e não restos de inteligência ou imaginação pequena.

A guerra se alastrava em proporções inexplicáveis.

Os combates haviam se acentuado.

Inúmeros feridos.

Várias baixas. Mortes de soldados soviéticos e alemães. Morte de civis.

Não paravam os saques, as torturas e humilhações por parte dos alemães.

Não cessava a forte e corajosa resistência soviética.

Inúmeros eram os prisioneiros. Fileiras de soviéticos acompanhavam-nos presos, sem sequer saberem seu destino.

O tempo passava, e o exército alemão dominava, tomava e destruía batalhões de soldados inimigos, cidades inteiras e as vilas populares, das quais já lhes falei.

O perigo aumentava, também, para nós do segundo contingente, visto que a resistência soviética mostrava-se pelos fanáticos da revolução espalhados pelas ruas. O próprio povo nos atacava com armas caseiras; pás, enxadas, garfos, facões e até pedras.

Situação de extrema violência e indecência.

Como pode o homem vivificar tais sentimentos?

Como pode criar tais situações?

Fiquei sabendo, pelo capitão Gherard, que para o povo soviético essa batalha se denominava Guerra Patriótica, em motivo de defenderem eles a Revolução Bolchevique implantada em seu país em 1917.

Tamanha foi a barbárie humana que presenciei durante todo o dia. Não me conformava em ver inúmeros seres humanos às margens do rio do sofrimento.

Quantos soldados mortos; quantos mutilados; quantos filhos agora ficariam sem seus pais; quantos pais perderam seus filhos.

O jogo da vida diante de meus olhos me obrigava a crer, apesar de meus esforços em contrário, que tudo aquilo não era uma ilusão.

Assim, continuava a render graças ao Bom Deus por ainda não ter tido que enfrentar o duro antagonismo da frente de batalha, onde teria que escolher: matar ou morrer?

Durante todo esse dia o exército alemão avançou por vários quilômetros continuando a completar seus objetivos iniciais.

Violento era o rastro de destruição.

Chocava-me ver as cidades e vielas destruídas.

Como engenheiro, desempenhava papel de construtor, de idealizador de um dos sonhos humanos: o da moradia.

Havia desde pequeno recebido a formação de meu pai e de minha mãe de que o lar é fonte sagrada de aspirações e inspirações humanas e divinas. Que o homem, detentor da casa abençoada em princípios éticos, da boa norma, do bom convívio, do relacionamento saudável para com a sociedade, é feliz e recebe do céu a bênção do lar santificado.

Mas não era o que presenciava nessas ocasiões da guerra.

As casas destruídas, as famílias desabrigadas, as crianças ao relento, as mães chorando a perda dos filhos por bombardeios; tudo me fazia concluir que as boas lições, que o bom viver em paz são meras pretensões religiosas para muitos homens. Muitos ainda pensavam ser a vida em paz e harmonia apenas uma ficção dos religiosos que falavam de Deus.

Sim, era escabroso o que presenciava. Parecia ser pior ainda nas vilas que não eram consideradas cidades, onde vivia pequeno grupo de pessoas de características mais pobres ainda que as das cidades.

Fatos impressionantes, lamentáveis.

O desfilar das tropas alemãs diante de tanto sofrimento só continuava a me transmitir idéias de repulsa ao homem inconseqüente.

O meu sonho, entretanto, tinha sido saudável para mim, e pude resignar-me um pouco mais durante o passar de todo o dia.

Parecia-me que as palavras da moça dizendo "fé... fé..." me propiciavam realmente muita perseverança e fé no Pai.

Assim, o dia se passou e logo pelo começo da noite pude encontrar-me com o médico Petterson, pois estava interessado em conhecer sua história.

O ambulatório estava repleto de feridos e doentes. Todavia, tive sorte, pois o dr. Petterson estava de descanso em suas poucas horas de folga.

Vale salientar que ele não era o único médico do agrupamento militar; existiam muitos outros, que também se revezavam.

É até compreensível, tendo em vista a quantidade de pacientes que ali se encontravam.

Fui recebido por uma enfermeira que me indicou o local exato onde poderia encontrá-lo.

Em poucos minutos, achei o dr. Petterson sentado em um tronco de árvore que havia sido arrancado durante a invasão alemã.

Sem muitas delongas, me apresentei como amigo de Roboels e interroguei-o gentilmente:

— Dr. Petterson, fiquei sabendo que o senhor cá está a contra gosto.

— Sim, filho – respondeu-me, com firmeza.

— Eu também.

— Pois não, Alexander – respondeu aquele homem que aparentava uns cinqüenta e cinco anos de idade.

Em alguns minutos narrei-lhe minha história. Contei-lhe desde o momento da rixa com Edward até a difícil despedida e embarque no trem. Disse-lhe que havia deixado para trás a minha adorável mãe, todas as crianças, das quais era tutor dedicado e abnegado. Contei-lhe também de meu pai, que havia falecido na Primeira Guerra Mundial.

E falei-lhe:

— Dr. Petterson, venho até aqui para conhecer sua história de dor e, se possível, trocarmos algumas experiências.

— Não seja por isso, filho – disse ele, agora mais solícito. – Tudo o que puder fornecer-lhe como experiência, lhe direi.

— Então, doutor, vou dizer-lhe que nestes vários dias de guerra intensa venho transformando-me por inteiro. Estou procurando algo que me conforte internamente. Tenho aprendido muito com a minha dor e a do próximo. Estou crescendo em fé não para lutar e matar, mas para tentar enxergar Deus. Procuro o clarão de luz que afaste definitivamente de mim o ódio e o rancor por ter sido convocado. Desejo algo mais que material para explicar o porquê de ter tido que deixar os que mais gosto e o que mais adoro para trás. Busco a compreensão, e não a repulsa, a condenação a todos os comandantes e governantes alemães. Não que com eles concorde, mas ontem aprendi muito com o capitão Gherard, e pude olhá-lo não com os olhos da repugnância, mas com o olhar da piedade.

— Muito bem, filho – respondeu mais uma vez o prestimoso médico. – Já que queres saber, procure então assentar-se, pois o que agora lhe contarei é longo, triste, salutar também, mas muito profundo.

Desse modo, me acomodei no mesmo tronco de árvore quebrada em que ele estava sentado, e num rápido relance ao redor contemplei mais um belo luar e o local destruído. Em seguida, me pus a escutar com os ouvidos de quem quer aprender para melhor se enxergar.

— Alexander, tenho orgulho do que agora vou lhe falar, pois não me arrependo de nada do que fiz. Sou descendente de franceses e russos. Não tenho a raça pura ariana. Não sou o que Hitler chama de "ser inteligente", ou "ser superior". Não faço parte da raça que considera superior, a ariana.

— Sim – disse eu –, mas isso não é motivo suficiente para teremno mandado para cá.

— Claro, filho. Esse é apenas o começo da história.

Com muita vontade de continuar a ouvir sua narração, balbuciei rapidamente:

— Diga, diga.

— Pois bem, jovem e companheiro soldado. Tive uma criação muito bonita e instrutiva. Meu pai era francês e minha mãe, russa. Tive a infelicidade de me tornar órfão logo aos sete anos de idade, e, como não havia quem cuidasse de mim, fui parar num orfanato alemão da cidade de Berlim, onde nasci. Embora o convívio com meus pais tenha sido breve, foi suficiente para que muito aprendesse com eles sobre a vida.

Eu o ouvia com toda a atenção.

— Consegui absorver dos dizeres de meu pai o caráter de honestidade e firmeza. Também adquiri de minha mãe a calma, a paciência e a vontade de ajudar o próximo. Eles tinham uma pequena propriedade rural, e toda a sobra de alimentos, ou excedente de safra frutífera, era doada aos carentes, aos hospitais e asilos necessitados. Assim, como pode perceber, aprendi desde menino a repartir o fruto bom do amor de Deus pela caridade despretensiosa.

O médico sorriu.

— O curioso, Alexander, é que a cada repartição da colheita excedente parecia Deus nos abençoar com uma nova safra ainda mais próspera, como que num gesto de aprovação ao ato de meus pais.

Sorri-lhe também.

— Desde novo conheci o segredo da vida, a ajuda mútua, a caridade repartida, a compreensão de todos para com todos, o eterno amor dividido. O verdadeiro intuito do existir: "Amar o próximo como a si mesmo". Compreendi, caro Alexander, que todos somos irmãos. Não existem diferenças entre raças, entre a cor da pele, entre suas inteligências. Descobri que as desigualdades existem, mas devem ser superadas pela mútua colaboração; uns ajudando os outros.

Nesse momento, não me contive e reagi em concordância:

— Também penso assim, doutor. Sempre tive a oportunidade de desse modo proceder, e peço perdão a Deus todos os dias pelas vezes em que não agi de conformidade, pelas vezes em que perdi a oportunidade que Ele me deu de agir com amor ao próximo.

Balançando positivamente a cabeça e tornando a sorrir, prosseguiu o dr. Petterson com sua explanação, que a mim se mostrava sublime e divina:

— Sim, Alexander, muito devo aos meus pais legítimos. Então, quando fui parar no orfanato, não sofri nenhum mau-trato ou abandono, mas sim o descaso do coração. Foi uma pena, mas não encontrei ali ninguém que me passasse o amor fraterno. Não descobri em nenhuma trabalhadora um carinho maternal. Não escutei de nenhum funcionário as palavras sinceras de um pai. Por isso, desde cedo também, muito aprendi com a dor. Concordo e entendo que não poderia exigir de todos, ou melhor, de ninguém, o mesmo carinho e aconchego que recebia de meus pais, mas tenho certeza, e a cada dia que passa estou mais convicto, de que ao menos poderia receber o amor de Deus por parte destes.

— Concordo.

— Senti enorme diferença entre um local e outro. No orfanato, nem ao menos se faziam as preces antes das refeições. Nem um simples cumprimento eu recebia. Sentia-me um verdadeiro objeto.

— Nossa! Quanto sofrimento!

— Mas, filho, existem dores e sofrimentos piores. Também aprendi, com os meus cinqüenta e três anos de idade, que o homem costuma chorar mais pela própria dor do que pela do próximo. Pude aprender com minha profissão que sempre existirá alguém que sofre mais que o outro. Sempre soube que existem dores e dores; sofredores e sofredores; pacientes e pacientes. Deus, nosso Pai eterno, nunca coloca lenha pesada em ombros fracos. Digo isto, mas não sei se compreende Deus como eu.

— Sim, certamente acredito no Pai.

— Então – voltou a falar o médico —, Ele jamais nos daria provas que não suportássemos. Os homens, sempre viciados e egoístas, não dilapidam suas fraquezas, e enxergam a desgraça nos mais salutares obstáculos que os céus lhes impõem. Somente enxergam as provas no agora; não se burilam para ver seus benefícios no futuro.

— São poucos ainda os que sabem sofrer.

— Isso mesmo. Assim, tive a infância sublimada por duas excelentes pessoas, às quais muito devo, e por uma divina e bendita prova. Não foi fácil... Mas esta é apenas uma pequena parte da minha história.

E, como que se me interrogasse com os olhos, indagou:

— Quer que continue?

— Sim, é claro – respondi.

E, após um breve suspirar, o dr. Petterson deu prosseguimento a elucidar sua vida, que a mim parecia um conto a ser narrado um dia, em livro.

Só a parte de seus pais, da caridade que faziam, da tristeza em se tornar órfão, das lições religiosas já seriam suficientes para produzir um belo volume. Mas, se existia muito mais a contar, com certeza teria eu muito mais a aprender.

VI

Elucidações eternas

As lições de Petterson penetraram minha alma e aguçaram mais minha curiosidade.

Sua vida era um livro de ensinamentos. Era a notícia do bom viver. Era a perpetuação de exemplificação do Amor Maior e da existência prelecionada em fazeres Superiores.

Não podia de forma alguma deixar de ouvi-lo.

Também muito tinha aprendido com meus pais.

Vi e vivenciei os exemplos deixados por meu amado pai.

Jamais esqueci as lições iniciais de minha vida religiosa ministradas por minha mãe.

Trazia, ainda, dentro de meu coração, os inúmeros preceitos católicos deixados por ela durante minha formação.

Com minha mãe aprendi sobre Deus, e com meu pai aprendi a praticá-lo. Recordo-me de suas imensas construções e projetos caridosos que, não longe, doava às igrejas e aos pobres. Quantas casas havia construído para aqueles que não tinham acomodações próprias ou confortáveis...

Mas Petterson tinha repartido o amor e a dor. Com ele aprendia eu a ver com olhos da verdade, das verdades plantadas por Jesus quando esteve a nos ensinar.

Não tardara, e meu prestimoso amigo logo começou a falar. Digo amigo, pois assim já o considerava. Sempre vivi com algumas bases, entre elas fazer amigos. Procurava cuidá-los, mas os fazia com o seguinte mandamento: é meu amigo todo aquele que possui princípios salutares de amor ao próximo e caridade cristã; os demais eram todos meus irmãos.

— Alexander – disse o médico novamente –, após dois anos de confinamento no orfanato e de ter feito vários amiguinhos e amiguinhas, fui adotado.

Meus olhos se arregalaram de felicidade, porque acreditei que viria a ouvir uma história de vida menos triste. Contudo, não foi isso o que aconteceu.

— Fui então adotado por um casal de judeus de meia-idade, a família Libermman – ressaltou o médico. – Eles foram muito bons para mim. No início, o convívio foi um pouco estranho. Senti-me um pássaro fora do ninho, apesar dos bons tratos, mimos e muito carinho. Mas senti-me muito deslocado, e possuía uma crença íntima que atrapalhava meu convívio com eles: não conseguia esquecer meus pais legítimos. Além disso, a cada carícia ou sorriso que lhes dava, imaginava trair os meus genitores.

Petterson meneou a cabeça.

— Passado o tempo, essa crise interior foi desaparecendo. À medida que estudava e evoluía, passei a amá-los por demais. Eram francos, sinceros, gostavam de fornecer-me experiência de vida, condições ao estudo material. E assim fui me graduando pelas hierarquias escolares até me tornar médico. Como grandes comerciantes que eram, tornaram-se extremamente abastados. Contudo, o que melhor puderam me ensinar não foi sobre a vida da Terra, sobre a vida corpórea, mas sobre a vida da alma.

— O quê? – indaguei-lhe. – Acreditavam em espíritos?

— Não, Alexander; eles acreditavam na imortalidade da alma.

— Como assim?

— Caro Alexander, ao que me parece você é profundo conhecedor do Evangelho de Jesus.

— Sim, mas daí a compreender a...

Neste momento, fui interrompido por Petterson:

— Pois bem, se conheces as parábolas do Mestre, há de convir comigo que tais ensinamentos nos proporcionam uma estrada a ser trilhada.

— A estrada do bem, do amor ao próximo, para nossa própria reforma interior. Para buscarmos em nós mesmos a própria paz, a tranqüilidade – afirmei sem hesitar.

— Sem dúvida – disse o prestimoso senhor —, e ainda mais: soluções para atingirmos o equilíbrio interno a fim de alcançarmos a redenção de nossos antigos erros.

Algo me impressionava nesse começo de diálogo. Havia alguma coisa que me atraía para as suas palavras.

O que seria? Por quê?

Gostava muito daquela conversação. Sentia que era muito importante a discussão de assuntos religiosos.

Mas o que mais me intrigava era a volta do assunto do passado.

Petterson havia novamente tocado em uma questão em que tanto meditei e na qual meditava, e ainda não havia encontrado uma resposta plausível.

O médico, outra vez, tocara no tema dos erros passados, das falhas dos homens no passado, em seu pretérito longínquo.

Novas e velhas questões pairavam em meu singelo cérebro de raciocínio católico.

Qual o pretérito a que se referia Petterson?

Quais as faltas já cometidas?

Como consertar os erros que por vez tínhamos cometidos?

Que homens seriam esses que representávamos nós no passado?

Como se a adivinhar minhas dúvidas, continuou ele a explanar, corrigindo-me de falsas interpretações e auxiliando-me nas interrogações mais íntimas.

— Filho – disse o médico –, pelo que me contou, é engenheiro, possui um coração caridoso, abraça a todos como irmãos, "enxerga Deus e fala com Jesus". Além disso, procura conversar sobre Jesus com todos aqueles que necessitam da parábola salvadora do Mestre, e, com certeza, faz isso sem interesse pessoal, salvo o da própria satisfação interior, certo?

— Claro. – Parei para esperar a continuação da exposição, pois tinha a impressão de que ouviria recomendações profundas.

— Pois bem, filho, a necessidade do homem de buscar a satisfação pessoal é muito antiga. Digo a satisfação no campo religioso, no campo da solidariedade humana. Como bem disse Jesus, somos todos irmãos. Fazemos parte da única e maravilhosa família humana. Como em toda situação, em toda organização precisamos de ordem e regras. As normas humanas nos condicionam às condutas sinceras e honestas que uns devemos aos outros. A liberdade exemplificada pelo respeito possui limite: o da liberdade do próximo. O campo da moral está apenas subjetivamente previsto em nossas leis. Assim, as leis dos homens regram e condicionam comportamentos, condutas a ser seguidas para a segurança, o equilíbrio e o bem comum.

Olhou-me profundamente e prosseguiu:

— Alexander, essas leis fundamentam-se em experiências exteriores, nas tendências da vida exterior do homem. Daí, o problema de ficar o homem subjugado a uma liberdade material, à segurança de seus bens, ao equilíbrio e bem comum da sociedade humana; isto é, da ação de todos para com todos externamente. Consegue apenas o ser humano condicionar-se a leis exteriores que abrigam suas vontades, ações e desejos materiais. Lembremos aqui que o coração do homem, quando pede ou deseja algo "sustentável", está também querendo algo material. O amor do coração viaja por diversas direções. Aqueles que pensam ser o amor carnal algo sublime estão enganados. Digo "carnal" não apenas o amor entre o homem e a mulher, mas a todos os bens que circundam o ser humano. O amor puramente material em nada se assemelha às verdades preditas pelo Mestre, nada tem a ver com seus ensinos superiores. Então, o coração possui anseios maiores. Esses desejos maiores são os da alma. Não nos realizamos na condição grosseira em que nos encontramos. Somente encontraremos a felicidade pela alma.

Petterson respirou fundo.

— Jesus, Alexander, nos trouxe as leis eternas, as leis do justo, do sábio, do misericordioso. Ele nos ministrou condutas maiores. Elucidou-nos sobre comportamentos sublimes. Mostrou-nos a ação benevolente. E, como muitos dizem, abriu-nos as portas do céu. Trilhou a verdade e não a escondeu de nós por um só instante. Suas parábolas exprimem condições para a evolução espiritual; normas para apagarmos a insatisfação; leis de amor, caridade, justiça e moral. Caro amigo, pelo que me parece você é assíduo entendedor dos ministros de Jesus?

— Sim, ou tento... – disse-lhe, já esperando uma nova pergunta-resposta.

— Pois bem, as Leis Maiores ou de Deus, como queira, a nós ensinadas por Cristo, revelam a condição para nos tornarmos os filhos fiéis do Pai. Enquanto as normas humanas apontam regras para um convívio equilibrado e seguro para os corpos humanos, para a sociedade humana, as Leis Supremas mostram-nos o caminho que devemos trilhar para o equilíbrio e o enriquecimento do espírito; ensinam-nos a buscar a felicidade no céu. Mostram-nos, também, que o equilíbrio, a saúde de que necessitamos está na alma. Somente com o espírito feliz encontraremos a satisfação pessoal. Somente com a busca contínua do amor ao próximo, do "coração da alma", é que nos tornaremos paz. Por meio da caridade efetuada pela grande família humana nos equilibraremos. Só por meio da prática pura e espiritual das lições de Jesus conseguiremos ser os pequenos servos de Deus.

Eu a tudo ouvia, admirado.

— Fraternidade é caminho para a evolução do espírito. Solidariedade é o meio para a busca do Reino do Pai. Caridade sem ostentação é numerário que nos fará encontrar nossa própria felicidade. Mas só com o amor despretensioso, o amor de Deus, ministrado por Cristo, seremos verdadeiramente humildes e resignados.

Eu estava completamente deslumbrado. Tinha acabado de ouvir lições que atingiam diretamente minha alma. Conseguia perceber coisas que antes nem sequer vislumbrava.

Após pequena pausa, continuou Petterson:

— Alexander, necessitamos muito das leis humanas, pois, sem um planejamento material, não conseguiríamos atingir os reais objetivos do espírito, uma vez que habitamos corpos materiais. Essas normas do homem organizam e controlam os relacionamentos de nossos corpos. As Leis Supremas controlam a verdadeira felicidade d'alma. A grande diferença é ser uma temporária, a humana. Ela se destrói, modifica-se, muda-se e transforma-se de acordo com as atuais necessidades do homem. A outra é eterna. É imutável. Inviolável. Perfeita. Justa. E sem nenhum erro. Regra a liberdade de pensamento do espírito. Condiciona a vida imaterial. Traça a conduta do amor e da fraternidade. Apresenta-se a todos, ricos e pobres, poderosos e fracos. Não distingue raças, cor nem inteligências. E possui um só julgador: Deus. O Julgador Maior, que detém o Poder. Não o poder de ferir, mas de orientar.

Desse modo, após pequena pausa, muito concentrado no assunto, arrisquei perguntar:

— Pois bem, dr. Petterson. Muito salutar e digna elucidação. Ainda assim, não consegui encontrar a chave que abre a porta da imortalidade da alma. Não raciocinei pelo seu pensar. Não reconheci, ainda, a existência de espíritos ou almas, como queira. Sabes que sou católico. Estudei a ciência exata. Sou hoje engenheiro. E por isso, em tudo o que faço, creio e refaço necessito de autorização mínima de meu cérebro para que efetue tal decisão. Desse modo, como pode o senhor me convencer da existência de espíritos? Como pode me mostrar a continuidade da vida após a morte?

Após rápido sorriso, indagou-me o doutor:

— Acredita em Deus, filho?

— Sim.

— Confia nos ensinos de Jesus?

— Claro.

— Procura praticá-los?

— Não só praticá-los, mas entendê-los e amá-los.

— Então, Alexander – disse o doutor em tom suave como o de um professor muito superior –, já acredita na imortalidade da alma.

E como a me ver com o rosto pálido de quem sabe algo, mas não descobriu por falta de raciocinar, falou:

— Não sou eu quem vai convencê-lo da existência dos espíritos e da vida após a morte. Só você poderá isso fazer, por meio dos ensinamentos e das lições de Jesus. Somente pela fé e perseverança em Deus é que esses conhecimentos chegarão até você. Saiba apenas que posso alertá-lo. Que posso orientá-lo para que seu raciocínio o eleve. Mas peço-lhe já que raciocine com o coração aberto, com o coração do amor, da compreensão de que Jesus, como Mestre, nos ensinou que todos somos irmãos, e que Deus, como Pai, deu-nos a Educação Maior.

Assim, escutando-o falar por meio de suaves palavras de carinho, pude perceber que do olhar do médico algo irradiava. Pareciam ser claras formas amareladas. Também pude notar que de seu coração um som tranqüilo e harmonioso se expandia, similar ao extraído de harpas.

Enfim, voltou a prelecionar Petterson:

— Alexander, Jesus nos mostrou o caminho até Deus. Chamou-nos a atenção da moral. Ensinou-nos a "amarmo-nos". Efetuou a caridade com o coração puro e despretensioso. Viveu para nos glorificar, para que evoluíssemos aprendendo com ele. Consegue imaginar que seus ensinos acabam com a morte?

— Não, doutor. Imagino encontrá-los com os anjos quando adentrarmos o céu.

— Então, para você, quando passar pelas portas do além-túmulo encontrará os anjos e os ensinos de Jesus. Já parou para pensar que, para efetuá-los, compreendê-los melhor, necessita viver em sociedade? Analisou, alguma vez, se compreende por completo seus ensinos? Não passou por seu pensamento que, para verdadeiramente entendê-los, precisamos praticá-los por inteiro? Conseguiu imaginar algum homem na Terra que os efetua por completo? Não lhe ocorre haver a necessidade de uma depuração mais sólida nas bases humanas? Crê que sabemos tudo sobre as Leis Ministradas por Jesus? Nunca lhe ocorreu que, caso soubéssemos tudo, isto é, entendêssemos, compreendêssemos e praticássemos tudo de Deus, já seríamos seres perfeitos? E se fôssemos totalmente perfeitos na prática e compreensão do amor maior, da caridade sublime, da moral elevada e da justiça eterna nos tornaríamos pequenos deuses, ou melhor, seríamos Deus, ou seríamos iguais a Jesus?!

Estas elucidações realmente questionavam fortemente meu coração.

Com certeza, nenhum homem conseguia fugir a essas perguntas. Até agora esse enigma não havia sido resolvido pelo meu pensar.

Até o momento, ainda omitia de meu real senso de verdade aquelas questões.

Por que escondia de mim mesmo tão poderosas dúvidas?

Por que não procurava elucidá-las?

Claro que seriam respondidas por Petterson. Estava completamente entretido no assunto e não deixava de mentalizar situações, acontecimentos e fatos.

Naquele momento, o médico parecia resplandecer em força; uma fé que transparecia por meio de uma forte luz irradiada de seu tórax. Não sei se vivia um sonho ou algo parecido, mas conseguia notar perfeitamente infinitas bolhas azuis e verdes a cair sobre nós, em especial sobre o doutor. Corriam de grande altura e cobriam-nos suavemente, desaparecendo ao nos tocar.

E em alguns instantes continuou o doutor, envolvido na mais salutar luz e imagem sublime que até aquele momento tinha notado durante minha vida.

— Alexander – falou o senhor de cinqüenta e três anos –, caso nos tornássemos perfeitos seríamos como Deus. Não pode crer em tal possibilidade. Esse silogismo foge da verdadeira realidade. Só conseguiremos compreendê-lo com os olhos do espírito. Somente conseguiremos decifrá-lo através da imortalidade da alma, da Lei da Reencarnação. Filho, as Leis Superiores são para ser entendidas e aplicadas. Pois bem, isso nos ensinou o Mestre. Como percebemos, muito difícil é introduzi-las por completo em nossa atual vida. Se isso não conseguimos realizar, me diga o porquê de não termos que aqui voltar para efetuá-las. E mais, que valor teriam se tivéssemos que realizá-las somente por alguns momentos? Por que Jesus, enviado de Deus, tê-las-ia nos ministrado para uma só existência, se já possuímos leis que regulam nosso comportamento adequado?!

Eu conjeturava.

— Veja, Alexander, o Pai enviou o Professor para nos lecionar amor ao próximo, caridade, justiça, moral, todas essas virtudes em caráter sublime, maior, para apenas aplicá-las e compreendê-las por um pequeno tempo determinado? Ou existe outra resposta para suas íntimas indagações? Teria mesmo nos ensinado para utilizarmos essas Leis quando estivéssemos no céu?! Onde estaria Sua justiça, nesse caso? E aqueles que vivem na Terra sem praticá-las? E outros que vivem sem compreendê-las? Todos teriam o mesmo final? Isso seria Justiça de Deus? Querido Alexander, raciocinemos agora pela vida, por meio de exemplos práticos. Deus permitiria as guerras por quê? Ele aceitaria as desigualdades de riquezas por quê? Como imaginas acreditar Nele e ser Sua Justiça Perfeita quando nascem no mundo pessoas de cores e raças diferentes, crianças sãs e outras com defeitos físicos; pessoas que adquirem dificuldades financeiras e físicas durante a existência terrena e outras não, uns tendo mais oportunidades que outros, uns sofrendo mais que outros? Não imagina existir um porquê para tudo isso?

Suspirei.

— Ou crê que as diferenças de beleza, riqueza, poder, oportunidade são obras de Deus? E mais: pensa que Ele isso cria e, no juízo final, ou na hora da morte, todos andarão ou serão abençoados por anjos?! Qual seria então o Ser justo, sábio e onipotente que aprendemos que Ele é? Seriam então sábias e justas Suas leis? E mais: seriam leis eternas? A resposta é óbvia, Alexander. Deus põe a nós na Terra em graus e condições diferentes para evoluirmos não com o corpo, mas sim com o espírito. Faz Ele com que compreendamos que sofremos porque algo de errado fizemos. Ensina-nos Ele que choramos hoje pelas lágrimas que fizemos nossos irmãos chorar, ontem, para nos burilarmos. Mostrou-nos, por meio de seu Enviado, que os aflitos serão consolados no céu, mas devem primeiro resignar-se na Terra, isto é, devem superar suas fraquezas. Devem ultrapassar suas próprias tendências inferiores. Devem aniquilar de seus espíritos o mal, ou seja, o egoísmo, o orgulho, a mentira e a vaidade. E, assim, devem agir como cristãos: com o coração da alma.

Sorriu-me Petterson.

— Filho, a reencarnação, isto é, a vida após a vida, ou a nova vida após a morte de uma outra vida, é a maior oportunidade que o Pai nos concede para evoluirmos em pessoa e espírito. Você já estudou muito na Terra, como eu. Tivemos de aprender com nossos próprios erros, reformular idéias e conceitos, refazer e consertar equívocos para que pudéssemos nos graduar como engenheiro e médico, respectivamente. Então, como imagina que o espírito se gradua, ou evolui? Como pensa que a alma consegue chegar a mundos mais elevados? Sim, filho, só através da reencarnação, que nada mais é que a oportunidade conferida a nós pelo Pai, para que efetuemos as lições deixadas para nós por Jesus. Qual teria sido então a missão do Eterno Pastor senão essa? Caso não existisse a lei reencarnacionista, por que precisaria ter vindo Jesus à Terra? Só para nos ensinar a viver quando estivéssemos no céu ou nesta vida passageira?! Ora, Alexander, se assim fosse não teria tido necessidade de Ele ter vindo pregar para nós. Poderia fazer isso direto no céu. Ou imaginas que Jesus veio nos ensinar para que nos tornássemos melhores somente para a vida no céu? Filho, também é equivocada essa pergunta, pois, se assim fosse, o que pensarmos do agora, do presente? Caso imaginemos a vida só no céu, pouco devemos nos importar com a atual existência, e isso não é a realidade que Deus põe e criou para nós.

Após breve intervalo continuou, com olhar sereno:

— Pensas ainda que após a morte encontraremos anjos ou demônios? Passa pela sua cabeça que o juízo final virá e os mortos ressuscitarão dos túmulos? Alexander, o céu e o inferno estão dentro de nós. A cada ato e comportamento sublime aplicamos o céu; em cada momento de ódio, cólera ou egoísmo acionamos a iniqüidade, ou o celerado que ainda persiste em habitar em nossos espíritos. Nossa consciência é o altar de nossos próprios julgamentos. É ela que nos encaminhará após e antes do sepulcro ao mundo que escolhemos. Se nos resignarmos, cumprirmos os deveres cristãos do amor e da caridade, encontraremos o mundo da felicidade. Porém, se nos volvermos às influências e tendências inferiores, encontraremos a porta das trevas.

Aquelas palavras calavam fundo em meu ser.

— Cada homem é consciência geradora de suas atitudes e, portanto, responsável pelo bem ou mal que efetua. Estamos no planeta das provas e expiações, devemos reparar erros, consertar desvirtudes, apagar todas as inverdades. Não perjuremos ao Alto. Compreendamos que a reencarnação é o meio para saldarmos os débitos do passado e receber as bênçãos para a evolução. Como podemos imaginar o mundo e a verdadeira justiça de Deus sem essa Lei? Como explicar nossos atuais sofrimentos? O mundo que construímos tem reflexos de nosso passado. O mundo novo que construiremos terá os reflexos de nosso presente.

Assenti com um gesto de cabeça.

— Filho, como engenheiro, deve saber que a construção bela e moderna necessita que o profissional dessa área se aperfeiçoe sempre. Assim ocorre com o espírito ante a lei da reencarnação. Todos devemos mudar pelos ensinos de Jesus, para um dia dizermos: "Todos somos irmãos; amo o próximo como a mim mesmo"...

Eram eternas essas elucidações, e tenham a certeza de que eu nunca mais as esqueci.

A conversação passava de uma hora completa. Eu tinha muito ainda o que perguntar e ouvir; contudo, o dr. Petterson foi chamado urgentemente por uma enfermeira para atender um de seus pacientes em estado grave.

Disse a enfermeira:

— Dr. Petterson, o paciente Paul está em estado gravíssimo, seu ferimento não cicatriza e suas dores são fortíssimas. Creio que não vai agüentar.

— Estou indo. – E, lançando-me um o olhar, fez-me um gesto e me convidou a acompanhá-lo.

Fui, sem hesitar.

VII

Os pais judeus

Nem mesmo ao me aproximar do ambulatório médico improvisado no acampamento militar conseguia eu deixar de pensar nas profundas lições de Petterson.

Tinha muitas dúvidas, mas, dentro de meu ser, uma satisfação positiva correspondia magnificamente, deixando ao meu entender que aquelas elucidações d'alma já eram e iam ser importantíssimas em minha vida.

Ao analisá-las, não pude deixar de notar sua importância.

Esclareciam tantas questões sobre as quais passei anos em incertezas!

Esclareciam as perguntas relativas às conseqüências dos homens no passado.

Por que a vida para uns era mais confortadora e para outros não?

Realmente descobri os diversos porquês da existência.

Sabia eu ser necessário aprender mais, ouvir novamente o prestimoso médico.

Em alguns momentos chegamos ao ambulatório.

O paciente parecia sofrer muito, pois estava com uma perna amputada e diversos pontos perfurados pelo corpo, além de inúmeros cortes e queimaduras.

Sem dúvida havia sido atingido por uma granada.

Petterson procurou medicá-lo com fortes sedativos e outros que não consigo descrever-lhes, além de diversos procedimentos médicos adequados.

Ouvi o prestimoso e dedicado doutor animar física e mentalmente o paciente chamando-o para a vida.

Após alguns minutos, o moribundo se sentiu mais aliviado, e assim também fiquei.

Paul estava com menos dores, apesar das fortíssimas inflamações. Foram feitos novos curativos.

Apesar de muito bem medicado, Paul não havia adormecido, e, como num ato espantoso, chamou-me:

— Venha cá, homem.

— Eu? – respondi.

— Sim, venha, venha – disse Paul.

— O que quer? – perguntei-lhe com piedade.

— Caso aconteça algo a mim, isto é, se eu morrer, procure por Anne, em Berlim, neste endereço. – E tirou de baixo do travesseiro um papel com o nome completo da moça e endereço. – E, por favor, ajude-a. É minha filhinha e está só. Faça isso, por favor. Prometa-me que o fará, caso sobreviva a esta guerra horrível?!

Nossa! Aquelas palavras comoveram meu coração. O gesto desesperado de um pai no momento da morte. Isso só me fazia mais uma vez pensar e crer no que Petterson dissera. Aquela atitude realmente me mostrava quanto dói a guerra. Quanto dói a fragilidade do homem. O quanto o ser humano ainda tem que evoluir. Quanto ainda tem que aprender.

Não podia deixar de prometer-lhe algo tão sagrado; afinal, também me preocupava com as crianças da instituição, e jamais falaria um "não" a um pai em desespero, à beira da morte.

— Promete?! – repetiu Paul.

— Sim, prometo – jurei, condoído. – Caso eu venha a sobreviver e algo lhe aconteça, farei com muito prazer, pois também possuo uma instituição de crianças órfãs e doentes e fico preocupado...

Não houve tempo de completar a frase. Paul faleceu durante meus dizeres. Petterson nada pôde fazer.

O sentimento de perda era latente em meu coração e no pensamento de todos os que ali permaneciam: Petterson, as enfermeiras, os outros doentes.

Ao sair do ambulatório, pude notar a quantidade de enfermos que lá se encontravam. Muitos semimortos, vários com pernas e braços amputados, gritos de dor e sofrimento.

Saí e me fiz acompanhado do dr. Petterson. Havia determinado as condições fúnebres para Paul. Logo iria ser enterrado.

Andamos um pouco, e logo nos encontrávamos no mesmo tronco de árvore.

Assim ele argüiu:

— Mais um desencarne. Mais um final de vida terrestre. Que Deus abençoe a alma de Paul. Desejo que ele tenha terminado de cumprir ao menos em parte sua missão.

— Também assim desejo – retruquei, com calma.

Nesse instante, em nossos pensamentos a mesma idéia foi privilegiada e ao mesmo tempo começamos uma prece a seu espírito.

Passados alguns minutos de nossa fraternal oração, voltamos a conversar e logo lhe perguntei:

— Se não for incômodo, gostaria que continuasse sua história de vida, doutor. Já aprendi muito, mas reconheço que posso aprender mais. O senhor tem, sem dúvida, anos de vida mais que eu, e com certeza mais evolução. Suas experiências me são caras e terão muita utilidade. Sinto isso, algo parece-me volver as suas preleções. Existe uma voz interna que me diz para escutá-lo, pois serei agraciado de informações extremamente necessárias a minha nova vida. Agora compreendo melhor os porquês das existências, e com certeza pelo passar dos tempos os compreenderei melhor.

— Muito gentil e sábio de sua parte – disse o doutor. – A vida é como o mar: traz ondas e calmarias a todos os instantes. Contudo, antes de voltar à minha narrativa, a qual fez com que parasse aqui, quero que aceite isso com carinho e guarde-o dentro de seu coração.

E, tirando do bolso um pequeno livro, entregou-o a mim, junto com um caloroso abraço.

Logo notei o nome: *O Evangelho Segundo o Espiritismo.*

— Agora – disse Petterson –, encontrará palavras e dizeres mais sábios que os meus. Com esse livro saberá se portar nas mais diversas situações que a vida lhe impuser. Basta apenas que pense com fé no Pai e abra-o aleatoriamente. Nesse pequeno compêndio encontrará os dizeres de Cristo, mostrando-nos o longo caminho ao Reino do Pai. Nele verá o Mestre e seus enviados explicar onde encontraremos a verdadeira felicidade. Nele encontrará paz, amor, conforto, alívio, consolação e muita fé. Viva com ele. Porte-se como ele e saberá enxergar Deus com outros olhos, conseguirá avistar os anjos não com as asas, mas com as túnicas brancas da paz, do amor, da justiça e caridade.

Realmente aquelas lições me comoviam.

Aceitei o livro com muito carinho e forte sorriso.

Olhei com atenção seu índice e pensei: "Tenho certeza de que isto me será muito útil".

Continuei a repassar as páginas e não deixei de notar, nos nomes dos capítulos, que lá prescreviam as parábolas de Jesus iguaizinhas às do Evangelho comum. E ao final dos capítulos havia um título assim dizendo: "Instruções dos Espíritos".

Não pude refrear o aguçar de minha curiosidade, e perguntei ao médico:

— São os espíritos que falam nesta parte do livro? – E, mostrando-lhe a parte citada, disse: – Como fazem isso?

— Através dos médiuns – respondeu, muito amável, o doutor.

— E como eles isso fazem?

— Existe um trabalho, uma preparação para conseguirem realizar com sucesso seu labor espiritual. No entanto, caro Alexander, são explicados noutro livro, apresentando as diversas categorias, os diversos estados. Foi escrito pelo mesmo autor desse que lhe dei, e contém provas científicas, pessoais e didáticas. Chama-se *O Livro dos Médiuns*. Além deste, o autor escreveu outros, que mostram com exatidão as provas das existências dos espíritos, como são, como vivem, como atuam em nossos pensamentos. Trata-se de *O Livro dos Espíritos*, *Céu e Inferno*, *A Gênese*, etc. Assim, amigo, por ora e para seu começo espiritual, deve começar a ler *O Evangelho Segundo o Espiritismo*, que já lhe será muito útil no atual momento que estamos passando. Ao mais, não trouxe para cá os outros, senão também poderia lhes dar para ler.

— Não, claro, já me sinto muito satisfeito com este. Tenho certeza de que vivenciarei cada página. Farei também como me disse: abri-lo-ei aleatoriamente antes de dormir e ao acordar pela manhã.

— Muito bem. – Petterson sorriu. – Sabia que estava doando este livro a uma pessoa esforçada e sábia. Querer conhecer novas trilhas, desde que elas estejam nos caminhos traçados por Jesus, gratificam e fazem evoluir o homem. Além disso, como engenheiro e construtor deve saber que, para o empreendimento de grandes obras, fazem-se necessários alicerces firmes, bases sólidas para que a estrutura sobreposta se consolide em forma eficaz e plena.

E, percebendo que alguns minutos se passaram, o médico, sabendo que em breve teríamos que nos recolher, indagou:

— Então, quer terminar de ouvir minha história? Quer saber por que realmente aqui estou?

— Sim – mais uma vez afirmei, sem vacilar. – Desejo conhecer suas vivências com todas as filigranas possíveis.

— Pois bem. Aos nove anos fui adotado por aquele casal judeu – repetiu Petterson a história para que eu pudesse novamente me sintonizar com ela –, a família Libermman. Após algum tempo de convívio, consegui acostumar-me com o fato; afinal, eram eles muito dedicados e carinhosos. Não me esqueci de meus genitores, mas também já não possuía nenhuma restrição em retribuir os carinhos de meus novos pais, em tentar voltar a ser feliz.

Acomodei-me melhor no assento improvisado.

— Passaram-se anos maravilhosos. Formei-me médico. Estudei nas melhores escolas da Alemanha e aperfeiçoei-me em outros grandes centros educacionais da Europa. Viajei a trabalho pela França, Itália, Holanda, Turquia. Trabalhei asperamente e com muita dedicação. Ausentei-me de compromissos infelizes e abstive-me das tentações dos seres grosseiros. Vivia para os doentes e aconchegava-me em meu segundo lar com muito encantamento. Recebi de meus pais todo o apoio financeiro; equipamentos médicos, livros, cursos, provimentos, consultório. Procurei atender todos os necessitados de meu auxílio: homens, mulheres, ricos, pobres, alemães ou não. Tive tão pouco tempo para os prazeres do namoro que vim a me casar com uma médica, também, muito abnegada, aos quarenta anos de idade.

Aquilo era novidade para mim. Jamais imaginei que Petterson fosse casado. Será que tinha filhos?

— Era ela mais jovem – prosseguiu o prestimoso doutor. – Contava, na época das núpcias, trinta e três anos. Vivi com ela em ninho de muito amor, muita paz e com Deus em nossos corações. Foi com ela que aprendi a crer, a enxergar e praticar o Espiritismo. Foi com ela que entendi que, para tornarmo-nos verdadeiramente espíritos de luz, ou puros, precisamos ser e efetuar diariamente o cristianismo. Necessitamos nos converter em cristãos. E não havia oportunidade mais proveitosa e salutar para assim vir a ser do que o exercício da medicina. Através dos trabalhos como médico consegui compreender o verdadeiro caráter cristão. Através desse ofício percebi que o homem necessita, na maioria das vezes, de remédio para a alma primeiro, e depois para o corpo.

As palavras de Petterson, mais uma vez, deixavam-me espantadiço e boquiaberto. Não consegui nem ao menos fazer-lhe indagações. Quantas curiosidades e experiências me passava... Como era um homem bom, enxergava o próximo realmente como irmão, abstinha-se das fragilidades mundanas, mas agarrava-se na essência à alma, à bondade e misericórdia da Criação.

Em meio a esses meus pensamentos, continuou Petterson, com profundo encantamento:

— Vivi com ela por apenas cinco anos. Cinco anos e nem mais um dia.

— O que aconteceu com sua mulher? – Estava eu agora tremendamente aterrorizado.

— Foi vítima de um tumor canceroso que a levou de nosso convívio em poucos sessenta dias.

E, com os olhos umedecidos, seguiu em frente:

— Sofri muito. Mais uma perda entre as pessoas que mais amava. Tive que recorrer por completo ao carinho de meus pais adotivos e, principalmente, ao Espiritismo. Ah! Santa doutrina, nos acolhe hoje, ontem e sempre, nas horas felizes ou difíceis, nos momentos de amor e cólera. Como nos conforta, quanto nos alivia!

E, superando sua comoção, voltou a dizer:

— Não tivemos filhos, pois muito e árduo trabalho nos esperava todos os dias. Após alguns dias para superação da perda, voltei a meus afazeres, agora com mais vontade e afinco. Senti-me um ser poderoso e imaginava encontrar a cura para esse mal da humanidade, pois o câncer é uma doença aniquiladora de vidas. Confiei estudos, tempo e recursos financeiros meus e de meus pais adotivos no combate e tratamento do câncer. Não consegui muitos bons resultados práticos, porém aos doentes transmiti as lições de Jesus com base no Espiritismo, que, tenho certeza, lhe foram mais úteis. Procurei sempre aliviá-los com as palavras do Mestre e encorajá-los para a nova vida que os chamava.

Interrompi nesse momento o senhor amável e indaguei-lhe:

— Conseguiu superar a perda da morte de sua esposa em poucos dias?

— A perda, sim. Não poderia aceitar-me sendo um egoísta. Entretanto, jamais a esquecerei.

Isso era novidade também para mim, visto que levei longos anos para esquecer a morte de meu pai; por isso, assim disse:

— Conseguiu somente com a ajuda do Espiritismo?

— Primeiro com fé em Deus. Depois, com o remédio para a alma, para nossos sofrimentos: as lições de Jesus, tudo isso com base no Espiritismo. Não posso deixar de falar dos inúmeros amigos e amigas que também me confortaram, além dos ombros acolhedores de meus segundos pais.

Estava estupefato. Continuava, a cada frase de Petterson, mais e mais entretido. Era de fato uma história de dor.

Como que adivinhando meu pensamento, ele seguiu em frente:

— Procurei a cada dia que me passava entreter mais no amor ao próximo e na caridade aos necessitados. Comecei a viver daquele momento em diante uma vida ainda mais regrada nos preceitos cristãos.

Após esta última frase, fez pequena pausa, e mais uma vez consegui notar cair das alturas maiores e novos flocos de luz. Dessa vez, as cores eram em maior número. Existiam as verdes, amarelas, azuis, brancas, lilases, e uma outra que não consigo transcrever-lhes neste momento. Não existem palavras em nossos dicionários para descrevê-la, muito menos para indicar e conceituar o momento sublime pelo qual passávamos.

— Assim, Alexander, continuei a vida. Esperava não mais sofrer, porém...

Parou Petterson a narração, pois parecia conter as lágrimas, engolindo em seco.

E, após breve suspiro, respirou fundo e prosseguiu, sempre em tom doce:

— Alexander, a vida parece muito simples e, às vezes, muito complicada. Saber sofrer é um dever do espírito que almeja posições elevadas no Reino de Deus. Aquele que é resignado às determinações do Pai eleva-se a ponto de não mais descer. Sofremos aquilo que agüentamos e merecemos. Sofremos pelo nosso pedir. Complicamos nossas vidas a partir do momento em que nos afastamos do Maior. Vivemos melhor quando trazemo-Lo dentro de nossos corações. Só a partir desse momento compreendemos o Seu amor, a Sua verdade e a Sua justiça. Somente nesse instante compreendemos o amor Maior, o amor do Eterno. Só daí praticamos realmente as lições de Cristo. Só assim efetuamos as leis de caridade, só assim amamo-nos uns aos outros e afastamos a ignorância do orgulho e egoísmo de nossos atos e pensamentos.

Petterson ressaltou ainda outras importâncias do amor, da caridade, da moral e da verdadeira justiça. Explanou em mais alguns minutos o verdadeiro caráter do homem cristão. Dissertou rapidamente sobre amor ao próximo e caridade abnegada; a caridade sem espera de retribuição.

Mais uma vez eu o entendia como se fosse um professor sublime.

Petterson falava com o coração.

Emitia notas musicais belíssimas em suas palavras.

Seu tom de voz convencia e emocionava, pois falava pela alma.

Eu não conseguia deixar de ouvi-lo por um só segundo, e, após, mais um breve intervalo para guardar fôlego, voltou a ressaltar o médico caridoso:

— Meus pais adotivos eram muito ricos. Eram judeus, como já lhe disse. E, como bem sabe, o nosso governante, com a falsa desculpa de nacionalista, com o pretexto de serem os alemães da "raça superior", a ariana, mandou prendê-los e levou-os ao que chamam de campo de concentração.

— Oh! Seus pais não conseguiram fugir da Alemanha?! – redargüi com extrema estranheza e indignação.

— Não fugiram. Eram pessoas de princípios. Eram como eu, tementes a Deus.

Interrompendo-o de novo, lhe disse:

— Como assim "eram"? Quer me dizer que...

— Sim, Alexander, eles também morreram – afirmou, com voz fraca e olhos úmidos.

Um breve intervalo se passou, e Petterson reagiu como um forte e confiante cristão.

— No começo dessa campanha nazista foram convidados a se retirar da Alemanha e obrigados a se desfazer de seus bens em nome da guerra nacionalista de Hitler. Meus pais não concordaram. Assim, tiveram seus bens tomados e foram levados à prisão dos judeus. Sofreram imensos desgostos, torturas e humilhações, e, como já estavam em idade avançada, morreram por desnutrição e rompimento cardíaco.

— O que você fez perante isso, Petterson? – Eu não cabia em mim de indignação.

— O que um bom espírita deve fazer: orei a Deus. Procurei, antes de suas prisões, caminhos jurídicos e políticos para salvá-los.

Nada consegui, no entanto, apesar de possuir amizades influentes. Não tentei convencê-los a fugir da Alemanha, pois eram íntegros e jamais largariam suas posses em mãos inescrupulosas. Nunca concordariam em financiar uma guerra que só morte e destruição traz aos homens. Eu não ia demovê-los de suas convicções, pois, embora judeus, eram praticantes do Espiritismo e não temiam a morte física. Compreendiam suas provações e agiam para o bem e a evolução do espírito.

Nesse momento, não pude deixar de pensar no sofrimento da vida daquele médico e, com mais certeza agora, aceitava suas palavras referentes ao Espiritismo. Concordava, sem dúvida, a partir desse último esclarecimento, com o que havia me dito; sempre existe alguém que sofre mais que nós.

Realmente considerava minha vida de dor, mas, comparada à de Petterson, era bem pequena, quase minúscula.

Retornou à conversação o doutor, agora parecendo aliviado depois de ter contado sobre a morte de seus pais judeus.

— Sim, Alexander – voltou a dizer, conformado –, a vida que tenho conhece bem a dor. Como deseja saber toda minha história, não vou deixar de contar-lhe como cheguei aqui.

E assim retruquei:

— Então não veio porque quis?

— Sempre desejei ajudar como irmão a todos. Jamais reneguei colaboração médica a ninguém, nem mesmo aos que se consideravam meus inimigos. Como já comentei, possuía pacientes da alma e do corpo em clínica recuperatória e de reabilitação, e, realmente, não desejava tê-los deixado apesar de saber que ficaram em boas mãos.

— Nossa! – reagi – Como temos a história parecida nesse ponto!

— Não só nesse. – Petterson sorriu. – Após a prisão de meus pais adotivos, comecei a sofrer perseguições políticas. Partidários do nazismo viram em minha pessoa um inimigo pessoal. Vasculharam minha vida e descobriram que meus genitores não eram da "raça pura", a ariana, e, além de ter sido adotado por judeus, eu era contrário ao regime em vigor. Assim, Alexander, também me acusaram de comunista e começaram a exigir mais impostos de minhas propriedades. Além disso, queriam que contribuísse para esta horrenda guerra com grandes haveres financeiros, pois sabiam ser eu homem abastado. E, como não concordava com suas exigências, eles começaram a me insultar e praticar atentados terroristas contra a clínica, me forçando indiretamente a aceitar a convocação para médico na guerra sem que ao menos pudesse dizer "não". Tive que aceitar para não ver mais tutelados meus mortos. Caso contrário, poderiam aniquilá-los, ou tirariam meus recursos por não ser eu ariano, isto pelo muito que me ameaçavam.

Petterson fez breve intervalo.

— Veja, filho, eu jamais negaria ajuda médica ou espiritual a um ser humano, tão menos a espiritual. Mas, diante das circunstâncias, seria mais útil ficar na Alemanha administrando meus doentes em tratamento.

— Sim – disse eu a ele –, é muito mais responsável ser útil para aquele que precisa que ser inútil para algo que inutilmente foi criado. Quanta ignorância...

— Sim, extremo atraso espiritual. Temos de convir que não só dos governantes, mas também do povo, que em sua maioria apóia esse regime diabólico. Os cidadãos não conseguem sequer enxergar Deus em seus olhos materiais. Acreditam ser de uma raça mais inteligente, mas confiam e são dirigidos por uma pessoa que nem a ela pertence. Lembremo-nos de que Hitler é austríaco.

Concordei com o balançar da cabeça.

Continuamos a conversar por mais alguns minutos, pois a hora passava e tínhamos que nos recolher por ordem de superiores.

Na despedida, abraçamo-nos fortemente. Estava eu comovidíssimo com a história de Petterson. Desejei-lhe sucesso com todo o amor de meu coração, e ouvi dele o seguinte:

— Que Deus o guie nessa nova estrada que começa a trilhar, filho, e que o Espiritismo a ilumine para que você possa colher nela somente as flores dos bons dizeres de Jesus.

Estas foram as últimas palavras que escutei da alma de Petterson. Após essa noite, as batalhas se intensificaram e diversos incidentes apresentaram-se à minha pessoa.

VIII

Primeiro sonho como espírita

Fui me recolher, e logo me instalei em minhas acomodações militares.

Não conseguia deixar de pensar naquela história da vida de Petterson.

Por quantos sofrimentos havia passado?

Quantos ainda teria que passar?

Sobreviveria a essa terrível guerra?

Iria salvar-se e retornaria para cuidar de seus doentes?

O que mais impressionava o meu coração era a clareza e a compreensão com que encarava a vida.

Conseguia facilmente transmitir idéias amáveis, inclusive sobre aqueles que o perseguiram.

Era admirável sua fé em Deus. Ao contrário de muitos, a cada dor, a cada perda que tinha na vida parecia aumentar sua fé no Pai.

Quanta perseverança! Quanta firmeza!

Supria a dor com amor e mais trabalho. Dedicava-se como um anjo a seus doentes.

Vivia pela luz deixada a nós por Jesus, e não se arriscava no abismo das trevas.

Ouvia o coração do espírito, acreditava nas palavras e nos gestos puros.

Não se orgulhava dos dons, ou da posição social que detinha: colocava-se à disposição dos carentes.

Como dizia, tratava os males do corpo e da alma.

Pelo que percebi em nossas conversações, não se rendia ao cansaço e ocupava seu tempo de vida a acariciar as lições cristãs.

Não rompia com aqueles que se consideravam inimigos; ao contrário, amava-os como a todos, pois tinha plena consciência de sermos todos irmãos. Sabia que devia curá-los, porque o Mestre havia nos ensinado ser fácil amar somente aqueles que nos amam.

Conhecia o segredo para tratar com os injustos, os coléricos, os odiosos.

Havia recebido do céu inúmeras provas amargas, mas soube superá-las e as transformou em alimento divino.

Graduou-se na trilha do amor ao próximo.

Formou-se pelas lições de Jesus.

Doutorou-se através da fé em Deus.

Era, sem dúvida, o homem mais sábio que eu havia conhecido. Tinha plena convicção de aplicar a religião aos problemas do dia-a-dia. Era virtuoso. Era, com certeza, um seguidor de Cristo, adepto do cristianismo, um cristão.

Doara a vida a Deus, como todos nós devemos fazer. Resignou-se ante Suas determinações e suportou-as pelo caminhar de um bom cristão.

Não havia mais tempo para pensar sobre as considerações daquele médico; elas realmente se tornaram eternas elucidações para a minha vida.

Deitado e sem poder acender nenhuma forma de luz, tive que me contentar em ler *O Evangelho Segundo o Espiritismo* com o clarão do luar. Não se fazia menos doce essa leitura com tal iluminação. Mais uma vez, a obra de Deus cobria-nos em noite de trevas.

Mais uma vez, esse belo e majestoso corpo celeste confortava-nos em calma e paz.

Parecia iluminar também nossas almas e cobria-nos como a nos socorrer em confortáveis passes magnéticos.

Ler o Evangelho através dos tenuíssimos raios da lua cheia era muito gratificante, pois, através deles, parecia que Deus transmitia sua luz, seu amor.

Fiz o que tinha dito a Petterson: orei ao Pai primeiro com muito fervor, e logo após abri o livro ao acaso.

Como coincidência ou destino, eu o abri no capítulo IV, cujo título se expressava desta maneira: "Ninguém poderá ver o Reino de Deus se não nascer de novo".

Li e reli calmamente as parábolas de Jesus e, sem menos atenção, as Instruções dos Espíritos. Pelo contrário, com desejo seco de descobrir novos conhecimentos sobre o espiritismo, captei atentamente as lições do espírito de São Luís.

Parecia querer devorar o livro. Não me continha em satisfação. Estava novamente muito entretido nos assuntos contidos naquele capítulo. Estava entusiasmado e muito consciente do que aprendia. Tudo passou pelo meu julgar íntimo, e minha consciência só o fazia aprovar.

Meu coração, então, deleitava-se em júbilo satisfatório. A lição era a mais oportuna possível para quem acabara de adentrar a doutrina.

Os dizeres de São Luís exprimiam com clareza sobre os limites, as necessidades do homem de reencarnar.

Aprendi, reaprendi o que já parecia conhecer e relembrei mais uma vez o que Petterson havia acabado de dizer.

Sim, o homem necessita encarnar diversas vezes para sua própria evolução. Precisa dessa oportunidade de Deus para reconciliar-se com velhos adversários, corrigir erros, reparar faltas. Necessita de inúmeras chances para desfazer mal-entendidos, burilar seu espírito na senda do amor, da moral, da justiça de Deus. Precisa aprender a dar sem querer retribuição, repartir os excessos, abrir mão das tendências inferiores. Precisa e deve aprender a ouvir os bons espíritos, trabalhar em vigia a seus pensamentos, orar com o coração sem exigência. Precisa aprender a servir com a caridade e benevolência com que Cristo nos serviu, necessita ultrapassar os percalços do sofrimento com resignação, aceitar as determinações do Pai, saber sofrer e aprender definitivamente que a real felicidade não está na Terra.

Sim, irmãos, compreendamos por vez final que é impossível para nosso atual grau de evolução aprendermos e praticarmos o Bem Maior em uma só existência; sempre necessitaremos de uma nova oportunidade do Céu.

Aqueles que querem superar os infortúnios, adentrar no Reino do Pai, necessitam nascer de novo e dilapidar seus espíritos, a fim de que estes pratiquem as lições cristãs deixadas a nós por Jesus e apagando de seus espíritos as tendências escuras advindas das trevas.

A lição do Evangelho, com certeza, não foi uma coincidência.

E, a partir daquele dia, consegui compreender que nas parábolas de Cristo, além dos dizeres cristãos, estava prescrita a doutrina espírita.

Após fechar o livro, orei pelos bons sonhos e adormeci com a felicidade de uma criança que acaba de ganhar um brinquedo novo.

Claro que o livro não era um brinquedo, mas a minha felicidade igualou-se à de uma criança; e rendi graças e júbilos aos céus.

Adormeci facilmente, mesmo porque aquela noite parecia calma, sem nenhuma perturbação da guerra.

Apesar das acomodações rudes e simples, dormi como um anjo no colo do Pai.

Nunca, mesmo quando em casa materna, procurei grandes luxos. Preocupava-me, sim, com o sono tranqüilo e equilibrador, com o sono restaurador das forças físicas e espirituais.

Pelo limiar da madrugada, despertei espantado com o sonho que havia tido.

Conto-lhes hoje, e o denomino como o meu primeiro sonho como espírita.

Novamente, sem mais ser novidade, estava sonhando com aquela bela e encantadora jovem.

Como já lhes disse, nunca a tinha visto ou dela ouvido falar. Jamais pensei sequer em uma moça com alguma semelhança física.

Repetia ela a vestimenta que usara em meu último sonho. Havia um aumento na cor de seu xale, aquele que lhe cobria os ombros. Ele agora parecia com mais alvura, candura e muito mais brilhante. Emitia brilho tão intenso que, se diretamente olhado, ofuscava as vistas.

Estava a jovem num campo com poucas árvores, mas muitas flores.

Flores de diversas espécies, lírios brancos e arroxeados, rosas amarelas e champanhe, pétalas das mais variadas cores, orquídeas grandes e azuis, cravos vermelhos com branco e muitas outras.

Parecia estar no paraíso.

Havia também pequenos arbustos que juntamente com as árvores pareciam meticulosamente podados.

A grama era rasteira e transparecia como flocos suaves e leves de algodão de cor esverdeada.

Encontrava-se a uns dois metros dela um homem com vestes estranhas, semelhantes a uma túnica verde-clara. Possuía ele barba grande, mas bem-feita, e cabelos brancos.

Na direção deles encontrava-me eu, com um terno azul e cabelo feito, com bigode e pouca barba, coisa de estranhar, pois eu possuía rosto limpo, sem barba ou bigode.

Estranhava-me, também, o modo como assentávamos os pés a grama, pois parecia quase não sentir o peso do corpo, nem o suave gramado.

Das flores, com leve vento em forma de brisa, conseguíamos perceber seu perfume encantador. Era muito diferente do que sentia nos passeios que fazia pelos campos floridos da Alemanha em plena primavera. Aquela imagem de sonho era ainda mais bonita.

Notava, também, a cor do céu algo mais clara e suave em seu azul. Parecia-me estar mais junto, mais próximo dele e de suas poucas nuvens.

Foi então, após ter reparado em todas essas maravilhosas nuanças, que aquela bela jovem assim me falou:

— Alexander, hoje você aprendeu muito e conseguiu dar mais um passo em direção a seu destino.

Olhei-a espantado, e pude reparar que seus lindos olhos pretos irradiavam luz, que atingiu meu coração.

— Conseguiu hoje caminhar um pouco mais para perto de Jesus. Despertou do sonho, do esquecimento de que a vida não acaba após a morte.

Sem dúvida, estava ela se referindo ao Espiritismo, pois eu havia acabado de aceitar a imortalidade da alma, a reencarnação dos espíritos.

— Querido – disse ela em tom muito angelical –, sabe agora que a vida é trilha de provas e que viveremos verdadeiramente quando desencarnarmos. Agora é luta e dedicação; dor e verdade; sofrimento e aprendizado.

Como que a terminar essa grandiosa frase, notei sair de seu ventre uma quantidade gigantesca de luz verde-amarelada que veio em minha direção e na do homem de barbas.

E continuou assim ela:

— Trouxe para conversar com você um velho amigo, o sr. Kolonosvk, que quer lhe transmitir alguns ensinos.

Virando-me em direção a esse homem, balancei a cabeça como a instigá-lo a me dirigir a palavra.

Então, começou ele a proferir palavras que até então me eram ininteligíveis.

Voltei-me novamente àquela moça e falei:

— Não consigo entendê-lo. Não conheço esse idioma.

— Calma, Alexander, procure escutá-lo como irmão de alma, como irmão de espírito, como filho do mesmo Pai.

Tornei a fitar o sr. Kolonosvk, que retornou à fala.

Continuei sem compreendê-lo, e, como que percebendo minha fragilidade espiritual, aquela encantadora moça veio em minha direção, colocou sua destra sobre minha fronte, e a mão esquerda, na altura de meu coração.

— Agora, Alexander, escute-o com os ouvidos da alma, tenha calma e fé no Pai.

E como num ato de extrema novidade para mim consegui compreendê-lo em seu idioma, o russo.

Disse-me o homem, pelo pouco que lembro, que a guerra me traria o destino, bastava apenas que encontrasse com Deus em meu coração, que tivesse a coragem dos cristãos e não temesse dor alguma, pois Cristo a havia superado em seu calvário de mártir por todos nós.

Disse também que continuasse a enxergar a vida para o futuro, esquecesse o passado e vivesse o presente. Falou-me que Cristo foi útil para nós, mas soube a hora certa de partir. Que aprender com Jesus é seguir por bases sólidas e caminhos retos.

A dor que ora passamos serão os remédios para a alma enferma que possuímos. Aprender e evoluir requer sacrifícios e muita abdicação.

E, quase ao final, afirmou:

— Moisés nos ensinou: "Não mate".

E concluiu assim:

— Aquele que mata erra, aquele que erra se engana, o que se engana se atrasa, o atrasado não enxerga a luz, o que não a vê cai na escuridão, o que está na escuridão vive pelas trevas e necessitará sempre de um novo perdão do Pai. Escute sua consciência e não tema pelo que terá que passar. Continue a ajudar, como faz com as crianças. Não esqueça que todos somos irmãos e que a guerra gera morte, destruição e desunião. Com ela perdemos a liberdade dada a nós por Deus. Não prenda, não fira nem maltrate nenhum de seus irmãos. Já sabe agora que hoje somos russos, amanhã seremos alemães e depois indianos. A cada encarnação podemos mudar de cor e raça para evoluirmos, e não para radicalizarmos e pregarmos preconceitos. Deixe seu bom coração agir nessa horrenda guerra e perdoe todos aqueles que necessitam da luz do Supremo. Siga com os princípios bons que possui e os que aprendeu.

E repetiu, terminando:

— Somos todos irmãos.

A moça, nesse momento, fez comovente prece e deu-me um olhar de despedida.

Assim, acordei e comecei a analisar: qual seria o sentido daquele sonho?

Por que aquela bela jovem estava sempre presente neles?

O que quereria dizer aquele homem de barbas longas?

Entendia que havia adentrado o Espiritismo. Por que ele mencionava tanto a expressão "somos todos irmãos"?

Por que dizia para que eu não ferisse nem maltratasse nenhum de meus irmãos? Era claro que eu não tinha essa intenção!

Por que esse sonho veio logo após eu ter recebido as primeiras noções de Espiritismo de Petterson? E mais: por que ocorreu logo após a primeira vez que abri *O Evangelho Segundo o Espiritismo*?

Essas e outras interrogações assolavam minha mente. Como era tarde, voltei a dormir sem nada mais sonhar, ou lembrar.

Pela manhã, levantei-me com o bom ânimo tradicional. Parecia existir algo mais bonito dentro de mim.

Meu bom-dia aos companheiros soldados foi mais amável. Abracei Roboels com mais carinho. Parecia estar envolvido por uma nuvem protetora de bons fluidos, de boas energias.

Pelo café e rapidamente, pois não tínhamos tempo a perder, contei ao amigo Roboels que havia conversado com Petterson, e dele ouvira sua história. E, em poucas palavras, assim nos entretivemos.

— Ele lhe contou toda sua história? – perguntou Roboels.

— Sim – eu confirmei.

— Contou-lhe inclusive sobre...

Interrompi-o, dizendo:

— Contou tudo. Falou da morte de seus genitores, de seus pais adotivos e de sua esposa. Comentou sobre seus pacientes e suas dedicadas funções de médico, além, é claro, de narrar-me todo seu sofrimento com muita resignação.

— Mas só isso?! – O soldado franziu as sobrancelhas.

— Sim!

— E não comentou ele contigo nada sobre espiritualismo?! – bradou agora Roboels, sem medo ou vergonha.

— Ah! Era isso que queria insinuar.

— Fale, Alexander! – voltou a inquirir o forte soldado.

E então lhe respondi com as palavras que vinham de meu coração:

— Não só falou, mas também me ministrou uma aula tão perfeita sobre o assunto que não pude deixar de crer nessa nova doutrina. Foi sábio, dissertou sobre o Espiritismo aplicando-o em sua comovente e sofrida história de vida.

— Comigo também fez assim – disse Roboels mostrando-se satisfeito com a resposta.

— Também – voltei a falar – me presenteou com um pequeno Evangelho espírita, o qual já comecei a ler.

— Fez isto comigo também, e ainda me ensinou a abrir-lo aleatoriamente, em especial nas horas difíceis, ou após preces noturnas ou matutinas.

Estávamos boquiabertos. Havia Petterson nos presenteado igualmente, dito as mesmas coisas, dado uma aula de humanidade, de cristianismo.

Logo, então, começamos a ponderar: faria ele assim com todos? Teria trazido inúmeros livros? Estaria cumprindo ordens de alguém?

Apenas concluímos ser ele tão-só um verdadeiro cristão. Era, sem dúvida, um missionário do céu. Sabia utilizar-se dos horrendos sofrimentos humanos para evoluir espiritualmente e passar suas humildes palavras do coração a todos aqueles que necessitavam de força e fé.

Passava os carinhosos dizeres com amor e fraternidade.

Falava sobre os ensinos de Jesus discretamente e implantava-os em nossas mentes e corações.

Palestrava sobre sua vida e suas histórias de dor e colocava-nos a compreensão e resignação de que a vida não acaba com a morte do corpo físico. Fazia com que todos aqueles que sentia que precisavam e queriam aprender sobre a imortalidade da alma entendessem que o Espiritismo nos mostra o caminho da vida eterna.

Explicava que precisávamos nos resignar às determinações de Deus, pois não conhecíamos o homem que tínhamos sido na encarnação anterior.

Realmente fazia da guerra e do sofrimento de todos mais um meio para nos mostrar que Jesus nos encaminhou havia muito, e Deus sempre nos concede uma nova oportunidade para acertarmos. Mostrava-nos que os sofrimentos e dores do hoje, se com fé no Pai, nos levarão a mundos melhores.

Roboels e eu fomos ao serviço espantados, felizes e mais espiritualizados, agradecendo a Deus por ter colocado em nossas vidas um homem tão bom, que nos fez enxergar o caminho estreito, mas muito iluminado, o qual devemos seguir.

Abriu-nos os olhos para a verdade de que o cristianismo praticado com amor, caridade e fé nos livrará da longa trilha de sofrimento e escuridão das trevas.

Com amor pagaremos o mal.

Com fé em Deus, a inverdade.

Com caridade abnegada, o orgulho e egoísmo.

IX

Prisioneiros russos

LOGO APÓS INICIAR minhas primeiras funções do dia, fui chamado pelo capitão Gherard, que me atribuiu outra tarefa.

Estava dentro da lista de soldados designados à sentinela de prisioneiros de guerra.

Teria que efetuar a seguinte missão: encaminhá-los a rio próximo, a fim de que pudessem efetuar a higiene pessoal, e depois levá-los até um agrupamento militar alemão, o qual iria buscá-los com caminhões e conduzi-los a outro refúgio prisional.

Desempenhando minha nova função, questionei Sancler, um soldado que costumeiramente fazia esse serviço:

— O que fazem com eles quando estão no campo de prisioneiros?

Sancler respondeu ironicamente:

— São forçados a trabalhar no conserto de veículos, a carregar caminhões para transporte de alimentos, armas, etc.

— E como vivem? – continuei a indagar-lhe.

— A pão e água – respondeu-me, rindo, e empedernidamente, como se a gostar da situação, da maneira como eram tratados aqueles homens.

— Mas assim acabam por morrer! – reagi com quizila.

— Que morram! – falou Sancler. – São filhos de comunistas, não fazem parte de nossa insigne e nobre raça. E também procuram fazer o mesmo com nossos soldados. Ou pensa que não matam soldados alemães prisioneiros?!

Então, para que a conversa se encerrasse, redargüi:

— Os soldados russos são seres humanos, assim como nós. São filhos de Deus também, como nós. Só são diferentes na forma de pensar politicamente. No mais, não têm um líder que prega diferenças sociais e preconceitos raciais como o nosso.

E, terminando com voz firme e olhar forte, disse-lhe:

— Somos todos irmãos.

Virei nesse instante as costas ao guarda Sancler e fui cumprir a minha tarefa.

Eram aproximadamente cem prisioneiros e vinte guardas alemães, isto é, cinco russos para cada vigia alemão.

Os soldados alemães os acompanharam até o calmo rio de proporção pequena.

Pela primeira vez, segurei meu fuzil a apontar contra um outro ser humano.

Senti-me extremamente constrangido e mofino. Estava contrariado, pois tal ato feria meu sentimento religioso, o próprio coração.

Como já lhes disse, era temente a Deus, e agora concordava muito com os preceitos espirituais, isto é, com os conceitos da doutrina Espírita.

Conduzi os cinco prisioneiros até o pequeno rio, sem nenhum problema.

Eles se despiram e fizeram a higiene pessoal.

Vigiei-os com atenção e com plena convicção de que estava agindo corretamente perante o Maior, pois não podia renegar esse trabalho; caso contrário, quem sofreria as conseqüências, além de mim, seriam as crianças da instituição.

Cumpria corretamente minha nova função até que ouvi um dos prisioneiros dizer a outro:

— Tenho vontade de fugir.

Estava estupefato, consegui entender o idioma russo!

Nunca havia tido nenhum contato com um cidadão russo que fosse.

Jamais tive aula desse idioma nem fiz algum curso especializado.

Na faculdade, em nenhum momento tive que ler ou aprender em livro russo, ou tive professor dessa nacionalidade.

Imediatamente, lembrei-me do sonho da noite anterior. Nele tinha conseguido entender as palavras do sr. Kolonosvk, e o que ele falava era em russo. Essa era minha impressão, a qual acabava de se confirmar, porque o sr. Kolonosvk e o prisioneiro falavam a mesma língua.

Após alguns segundos de reflexão, bradei em voz alta em meu próprio idioma:

— Nem pense nisso. Procure se higienizar rapidamente.

O russo deu risada e tornou a dizer ao outro:

— Quero fugir.

Foi então que subitamente escapou de minha boca, sem que ao menos pudesse raciocinar, algumas outras palavras, agora em russo:

— Não faça isso!

Os prisioneiros, assustados, entreolharam-se, permanecendo quietos por alguns instantes.

Pareciam estranhar o que eu tinha acabado de dizer, pois jamais imaginariam que um soldado alemão pudesse falar seu idioma. Nem eu. Não porque isso seria considerado uma traição militar e política ao regime nazista, mas não conseguia conceber a idéia de que falasse uma língua que ainda não havia aprendido; salvo, como já lhes disse, em meu último sonho.

Após breves minutos, voltou a dizer o mesmo prisioneiro russo, só que agora para mim:

— Deixe-me fugir. Tenho filhos para criar, e minha mãe está doente, quase morrendo; precisa de mim.

E outro logo em seguida também falou:

— Deixe-nos ir embora, por favor. O senhor sabe e conhece nossa língua, portanto, deve ter algum parente russo; sabe o quanto sofremos em nosso país. Por favor, deixe-nos ir, temos famílias para cuidar. Nosso sofrimento, quando de nossa revolução, trouxe ainda mais problemas. Temos todos os dias que trabalhar para poder alimentar nossas esposas e crianças. Se em um dia apenas não trabalharmos, por qualquer motivo ou doença, não conseguimos os suprimentos necessários a nossa subsistência. Não temos nenhum estoque alimentar, pois tudo nos falta...

Outro dos cinco prisioneiros falou assim:

— Solte-nos, companheiro. Deve ter em suas veias nosso sangue. Deixe-nos fugir e diga que foi atacado por nós.

Realmente não sabia o que dizer; estava estupefato. Não tinha nada a murmurar.

E, aproveitando-se de minha fragilidade espiritual, os homens se vestiram e começaram a se afastar de mim, correndo.

Não consegui levantar minha arma, nem sequer gritar por ajuda.

Sabia que se alertasse os outros sentinelas os prisioneiros seriam mortos.

Compreendia também que, se levantasse a arma, teria de atirar neles.

Em poucos segundos, os cinco se afastaram, e meus pensamentos mais uma vez retornaram ao sonho que tive com o homem de barbas grandes, que me disse: "Não maltrate os prisioneiros, não os fira...".

Como poderia eu acabar com a vida de um ser humano?

Realmente não consegui; e após os superiores terem descoberto o acontecimento passei por um simples julgamento militar.

Levado aos meus superiores hierárquicos, fui submetido a desagradável interrogatório.

Também me ofereceram oportunidade de defesa que não deixei de apresentar, assim dizendo:

— Sou engenheiro, fui convocado para esta guerra por necessidade que desconheço. Não tenho prestígio e competência militar. Pouco treinamento tive antes de empenharmos a marcha pelos Bálcãs. Não consegui aprender muito, e sou completamente ignorante para essas atividades. Ao mais, fui surpreendido pelos cinco prisioneiros de uma vez só, que me acertaram a cabeça com uma pedra. Fiquei desacordado, aí eles fugiram.

Nesse instante, chamaram o dr. Thompson para confirmar o ferimento.

O médico, amigo do dr. Petterson, examinou-me a cabeça perto da região do pescoço e falou aos nossos superiores:

— Sim, foi atacado e teve sorte de não ter sido pior; precisa ficar em observação médica.

Os militares o dispensaram e se reuniram para decidir o meu caso. Uns queriam que eu fosse à Corte Marcial; porém, o capitão Gherard entrou em minha defesa e ponderou:

— É um jovem soldado sem expressão, não devemos mandá-lo a julgamento de morte. Enviemo-lo ao *front*, ao campo de batalha.

Os outros riram ferinamente e disseram:

— É a melhor idéia.

— Terá ele, assim, uma nova chance de salvar-se.

E de novo riram em altos brados.

Fui encaminhado ao alojamento para descansar, pois seria enviado logo pela manhã seguinte à frente de batalha. Participava do segundo pelotão de infantaria; esse contingente menos preparado para a guerra ficava com a função de guardar prisioneiros, transporte de feridos, alimentação, armazenamento de armamentos, munição, sistema de comunicação e rádio. E a qualquer eventualidade sairíamos na retaguarda do primeiro contingente.

Em meus simples aposentos, veio ver-me, logo após, o capitão Gherard, o qual em poucos segundos disse-me, em tom de piedade:

— Foi o que melhor pude lhe fazer. Foi a única forma de ajudá-lo a não ir para a condenação na Corte Marcial. Com certeza, seria levado a fuzilamento, soldado.

— Sim, capitão. Agradeço por sua colaboração.

E, aproveitando a oportunidade, pedi-lhe permissão para escrever uma carta à minha mãe, visto que até então não havia sido concedido meu pedido.

O capitão, que não era homem rude, falou desse modo:

— Escreva bem rápido. Em vinte minutos mandarei um assistente passar para buscá-la e irei pessoalmente enviá-la com urgência.

Mais uma vez agradeci e bati continência.

O capitão saiu, sem mais delongas.

Não perdi tempo. Busquei em meus pertences lápis e papel, pois não tinha caneta no momento, e logo comecei a escrever.

Muito tinha a falar, muito a contar. No entanto, o tempo e papel seriam curtos demais. De todo modo, assim dissertei:

"Querida mamãe,

Hoje, dia 18 de agosto de 1941, estou sendo enviado à frente de batalha, a aproximadamente cento e cinqüenta quilômetros da cidade de Leningrado. As forças alemãs avançam com facilidade. Poucas foram as baixas, e muitos soldados soviéticos foram feitos prisioneiros.

Não se preocupe, eu voltarei, tenha fé em Deus e continue a auxiliar as crianças na instituição.

Vivo com saudade. Fui muito reconfortado por alguns amigos que aqui fiz.

Um deles, mãe, mostrou-me uma nova maneira de encarar a vida, e também a morte; o nome dele é dr. Petterson. É um dos médicos do agrupamento militar. Esse bom homem sofreu as mesmas injustiças que eu nesta convocação militar desleal.

Saiba, mãe, que a senhora está dentro de meu coração, e como filho dedicado peço-lhe que se procure inteirar, dentro do possível, da doutrina espírita. Não se espante! Sou um homem convertido no ideal espírita. Sei que a vida não acaba após a morte. Existirá sempre uma nova chance do Pai Maior – a reencarnação.

Não posso muito escrever pelo pouco tempo, mas quero que acredite que o papai vive muito ainda, mamãe, assim como eu também viverei.

Creia nessa santa doutrina não por estas humildes palavras, mas por estudá-las por meio dos livros de Allan Kardec.

Saiba que nunca a esquecerei, e, se pudesse lhe fazer o último pedido, seria justamente o de crer e praticar o Espiritismo.

Lá, encontrará a senhora Jesus, com mais amor e entendimento, e verá realmente os verdadeiros passos de um cristão.

Não posso me demorar. Viva com Deus e o Mestre a abençoá-la. Viveremos sempre juntos, mãe. Nunca a esquecerei. Lembre sempre de mim com ânimo, força e coragem, pois a vida é um pequeno sonho, e a morte, a eternidade.

Papai deve sempre abençoá-la e apoiá-la.

Também farei isso.

Não caia no desânimo e não chore lágrimas da perda, mas faça as preces do amor cristão de quem confia muito em Deus.

Peço-lhe, ainda, que olhe por esta menina, Anne, neste endereço, pois ela é agora órfã de um soldado que vi morrer e prometi-lhe cuidar da pequena. Faça o possível para conseguir cumprir a promessa que fiz a seu pai: o de ampará-la. Agradeço muito.

Encho-a de beijos e abraços, e jamais deixarei de olhá-la com carinho.

Alexander".

Estas foram as palavras e frases mais curtas que escrevi a minha mãe. Foram, também, os melhores dizeres que podia lhe passar. Mais que o carinho material, o aconchego da alma era, no momento, o melhor a lhe dar, e indubitavelmente o que melhor lhe serviria.

Em poucos segundos do término da pequena carta, o enviado do capitão Gherard chegou e me garantiu com sua palavra que a missiva seria enviada e chegaria ao destino certo.

Procurei me deitar e tranqüilizar-me. Fiz uma prece e roguei ao Pai que, com aquela carta, todas as boas vibrações de meu humilde coração e dos bons anjos fossem junto.

Também não consegui deixar de meditar no sonho da noite derradeira. Parecia que as previsões do velho senhor de barbas se cumpriam. Ainda me lembrava de suas palavras.

Não deixei de pensar nos olhares da moça e nos passes, aplicados por ela, para poder ouvi-lo.

Parecia mágica, milagre, mas agora sabia que tudo se explicava pela doutrina espírita. Não conseguia precisar exatamente o que acontecera, porém isso se dava pelos poucos contatos e ensinos espíritas que possuía.

Realmente, meu destino estava se completando. Sentia-me entusiasmado, até que comecei a pensar no que teria de enfrentar.

Iria morrer?

Teria que matar?

E as minhas crianças, como ficariam?

Passei duas horas meditando no assunto e concluí que mais nada poderia fazer senão confiar em Deus. Jamais iria conseguir matar outro ser humano, muito menos tinha medo de morrer, pois sabia que a morte é apenas o passaporte para uma nova vida.

Somente preocupava-me com o destino das crianças, e, no crepúsculo noturno, resolvi dormir, pois partiria ainda de madrugada.

Então, abri *O Evangelho*, e a lição mais uma vez me surpreendeu.

Tinha aberto no capítulo XIX: "A fé transporta montanhas". Li e reli as parábolas de Jesus e os dizeres do capítulo comentados por Kardec e pelos espíritos. Após alguns minutos de meditação, disse a mim mesmo:

— Fé em Deus, Alexander. Jesus muito sofreu por nós. Confie sua vida ao Pai, porque Seu amor é sublime. Confie Nele e não tenha medo da Eterna Viagem.

X

Reencontro

LOGO PELAS QUATRO HORAS da madrugada do dia seguinte à fuga dos cinco prisioneiros, peguei o transporte que me levaria ao campo de batalha propriamente dito.

A Alemanha, em suas determinações ofensivas, avançava facilmente com suas tropas armadas em direção aos objetivos almejados.

Pelo Norte, sob o comando do marechal Von Leeb, avançávamos quilômetros e estávamos perto de sitiar Leningrado, uma das metrópoles. A União das Repúblicas Socialistas Soviéticas, apesar do maior contingente militar, tanto em número de homens, aviões, tanques e caminhões, era facilmente dominada pelas táticas de guerra, astúcia e experiência dos comandantes alemães.

A invasão pelo Norte demonstrava a superioridade logística alemã em relação à soviética. Foram poucas as baixas alemãs, e poucas as perdas de armas, aviões e tanques de guerra.

Os soviéticos, ao contrário, se viam com milhares de perdas humanas e bélicas, além de mais de seiscentos mil prisioneiros, divididos pelas frentes de ataque do Norte, Centro e Sul.

Até aquele dia 19, os bombardeios aéreos alemães haviam destruído poderosos pontos estratégicos da União Soviética, e as unidades panzer, dizimado vilas, pequenas cidades e matado milhares de pessoas.

O poder bélico alemão era mais ágil e poderoso que o soviético, apesar de ser inferior numericamente.

Na frente central, o marechal Boock avançava por Vavzma e preparava-se para invadir Moscou. Poucas as perdas humanas alemãs, mas inúmeras as soviéticas.

Na frente Sul, o marechal Rundstedt avançava para Kiev, após ter feito milhares de prisioneiros.

A guerra, passados dois terços do mês de agosto, mostrava-se totalmente favorável à vitória alemã.

Nosso acampamento, que se deslocava conforme a movimentação do primeiro contingente militar, até então não havia sofrido sequer um ataque aéreo.

Os soldados e comandantes estavam certos da vitória, apesar do desgaste físico. Depois de sitiar Leningrado, iriam pedir a Hitler a permissão para invasão total.

Destruíam também carregamentos alimentares, para que os soldados e a população soviética sofressem de fome, a fim da rendição.

Pois bem, estava eu pronto para entrar na caçamba do caminhão que transportava os soldados alemães convocados para a frente de batalha; íamos nos agrupar ao primeiro contingente.

Logo ao me acomodar, se é que nesses meios de transporte podemos dizer que estamos acomodados, pude notar que a maioria dos soldados ali sentados eram militares preparados. Quase já tinham todos servido às Forças Armadas.

Dos trinta homens embarcados no caminhão militar, somente eu e outros dois não possuíamos experiência alguma em guerra nem tática militar.

Estavam transportando num total de noventa soldados divididos em três caminhões de guerra.

Iríamos nos juntar às forças que se preparariam para invadir Leningrado, porque o contingente militar alemão situava-se aproximadamente a cento e cinqüenta quilômetros da metrópole soviética.

O veículo partiu e, com um aceno de cabeça, despedi-me de Roboels e Petterson, que assistiam à partida.

Estava muito emocionado e triste, mas também muito confiante, pois o Evangelho espírita confortava-me e dava-me forças para superar qualquer fraqueza.

À medida que o caminhão se afastava do acampamento ficava mais difícil enxergar meus dois amigos que lá ficaram.

Pude nesse instante desejar-lhes, por meio de pensamentos, o amparo de Deus, e roguei ao Pai proteção para minha nova tarefa.

Pedi-Lhe que me protegesse, a fim de que não tivesse de encarar a decisão que me deparava desde a convocação militar: matar ou morrer.

Disse-Lhe que já havia escolhido; não iria ferir nem matar um outro soldado, jamais atingiria um outro ser humano, mas roguei-Lhe a proteção para que nada me acontecesse, pois muitos na Alemanha necessitavam de mim. Ao mais, também não queria me deixar morrer, visto que sabia ser a vida a oportunidade que Ele nos dá para nos redimir dos erros pretéritos.

Agradeci, em prece, por ter me colocado na vida terrestre em contato com maravilhosos seres humanos, entre eles, Petterson. Agradeci, com muita fé, pois sabia ter sido obra de Deus o encontro pessoal entre mim e o adorável médico. Sem ele, não teria ganhado a força e o amparo que sentia nesse momento tão difícil. Sem Petterson, não teria aprendido a enxergar a vida com a alma, a crer na doutrina espírita.

Tinha sido para mim o melhor professor, um anjo da guarda encarnado.

Muito me ensinou com sua sofrida história e mostrou-me as veredas da imortalidade da alma.

O caminhão prosseguia lentamente, e, com o começar do raiar do dia, o sol principiava a apresentar-se a distância enorme.

Começavam a clarear as faixas do horizonte. A brilhar um novo dia, um novo dia de vida na Terra.

Quantas vezes pude observar esse maravilhoso amanhecer na Alemanha? Afinal, sempre fui um amante da natureza.

Reconhecia-a como uma das melhores obras de Deus e uma de suas provas de existência.

Agora, como espírita, pude notar naquele amanhecer um outro entendimento. Via tudo como se fosse uma indústria em começo de seu funcionamento maquinário, tão perfeita é a obra de Deus.

Os pássaros iniciavam suas belas cantorias. Pareciam querer nos chamar a atenção para todo aquele deslumbre maravilhoso. Com seus belos vôos, apontavam-nos as belíssimas imagens verdes, a se mostrarem pelas majestosas árvores.

De uma a outra voavam como a nos dizer: "enxerguem Deus, voem para a liberdade d'alma, parem com a guerra".

Seus cantos harmônicos despertavam-nos a uma realidade bem diferente: a de que vivíamos uma realidade sublime, a da paz.

O orvalho que cobria a vegetação começava a desaparecer com os primeiros raios de sol.

Tudo era encantador. As borboletas também começavam a acordar e nos dar um espetáculo inesquecível dentro da floresta. Iam e vinham, faziam piruetas, a querer nos distrair, talvez, com o intuito de que desistíssemos da batalha.

As flores, muito lindas, mostravam-se em diversas cores e formas. Havia os lírios azuis e brancos e as margaridas amarelas. Pude notar, também, uns poucos girassóis, muito formosos.

Tudo me deslumbrava. Tudo parecia querer nos mostrar que o Pai nos convida na Terra a compartilhar Sua luz, Sua criação, Seu amor e Sua paz.

Todas aquelas divinas imagens faziam-se aparecer como formas puras do amor de Deus por nós.

Todas elas nos mostravam que não precisamos morrer, ou desencarnar, para esperarmos no céu algo mais belo e puro. Na Terra, planeta em que vivemos quando encarnados, também encontramos Supremas Maravilhas.

Não é só no mundo dos espíritos que as encontraremos, ou, como alguns preferem, no mundo dos anjos; o Maior, a nos criar, também assim fez com tudo, como a natureza.

O homem, os pássaros, as flores, a vegetação, as florestas, o mar, o sol, o rio, a lua; tudo é obra de Deus. E tudo o que o Pai faz é perfeito e inteligente.

Saibamos cuidar do que Ele nos deu para quando vivermos encarnados, pois, não precisamos morrer para aproveitar Suas deliciosas obras.

Reeduquemo-nos e aprendamos que a Terra, o planeta das provas e expiações, é também de Deus, e tudo que Dele provém é perfeito.

Cuidemos de nossa natureza.

Vivamos com ela para captarmos a essência mais pura do Pai.

É certo que no mundo dos espíritos tudo é lindo, sublime e sábio, mas evoluamos e aproveitemos as belezas naturais da Terra quando encarnados, pois, estas não deixam de ser formas radiantes do amor do Eterno.

Longo era o percurso para chegarmos até o primeiro contingente militar.

As estradas se achavam tortuosas e perigosas, porque havia chovido muito, e os caminhões escorregavam pela pista de barro.

Um deles havia atolado, o que nos custou tempo para removê-lo e colocá-lo em condição de seguir viagem.

Quando não caía chuva, o sol apresentava-se fortíssimo, e, quando este sumia, a chuva tornava a cair, grossa e fria.

Estávamos havia algumas horas na estrada, percorrendo grandes retas, subidas e descidas perigosas, pois algumas delas advinham de grandes barrancos, onde o caminhão passava apertadamente entre o muro do barranco e longo precipício.

Havíamos atravessado algumas cidades tomadas pelos alemães, onde fomos fraternalmente saudados pelos nossos soldados.

Tínhamos ultrapassado algumas vielas, aquelas das quais disse que não eram consideradas cidades, porque não faziam parte dos mapas militares.

Pude perceber estarem aquelas vielas, as bem pequenas, com reduzido número de casas e habitantes, completamente destruídas.

A vegetação ao redor delas também, inclusive grande parte da floresta.

Havia inúmeros corpos em decomposição e várias criancinhas sobreviventes gritando por socorro.

Abstenho-me de narrar mais do que vi e presenciei nessas pequenas vilas destruídas, pois procuro neste humilde compêndio alertar, envolver os espíritos à confraternização, ao amor e a crer que todos somos irmãos. Jamais terei a intenção, ou permissão das esferas mais altas, de comentar ou narrar fatos menores que só venham a chocar, e não a contribuir para a evolução do espírito humano. Saibam apenas que qualquer narração teria que ser com base primeiro em informação de como viviam os homens toscos e rudes, habitantes da Terra em seus primórdios; só assim conseguiríamos comparar à ação do homem nessa guerra, já à beira da chegada do terceiro milênio.

Estávamos cansados, mas a viagem continuava.

Nessa fase da longa trilha até o primeiro contingente militar da frente Norte da invasão à União Soviética, os buracos eram constantes e, após, alguns quilômetros do fim desse trecho, paramos numa dessas vilas, esta um pouco maior, para trocarmos um pneu furado.

Percebi que havia diversas casas e várias famílias.

Crianças, homens e mulheres se esconderam em suas residências, se é que podemos chamá-las de habitações.

O lugar parecia paupérrimo. As casas, mal construídas, com palha e madeira. Não havia sequer portas.

O pneu furado foi do caminhão em que eu viajava.

Todos os soldados, inclusive os que estavam na carroceria, desceram.

Alguns procuraram ajudar a trocá-lo; outros aproveitaram para relaxar. Foi o que fiz.

Os demais soldados dos outros caminhões permaneceram de vigília, dentro de seus veículos.

O superior nos disse, em voz firme:

— Fiquem atentos, em guarda, não podemos vacilar perto desses porcos. Parecem inofensivos, mas possuem espinhos que ferem.

Em alguns segundos repudiei o falar de nosso superior, mas, após divina reflexão, pedi perdão a Deus para todos nós, inclusive para ele, em rápida oração.

Nesse instante, fui surpreendido por alguns murmúrios de crianças a chorar e pedir socorro.

Eram duas pequeninas que estavam sendo molestadas por dois soldados alemães.

Fui até o encontro deles e pedi que parassem.

Olharam para meu rosto e riram, voltando a importunar aquelas pobres crianças.

Então, com voz firme e largando meu fuzil, ordenei-lhes:

— Parem já! Por acaso possuem filhos?!

Os dois se entreolharam. Um saiu em direção ao caminhão, talvez porque tivesse algum filho. O outro, rindo, permaneceu no local e falou-me:

— É defensor dos soviéticos?!

— Não. Sou contra covardes.

— Então me chama de covarde? Quem pensa que é para falar assim comigo?! – respondeu-me o soldado, com ar de superior.

— É assim que penso de um homem que, armado, vem maltratar pequenas crianças inocentes. – Eu o encarava firme.

Não repetirei todas as palavras ofensivas que o soldado proferiu, mas saiu rindo, assim falando:

— Um fanático religioso devia morrer.

Estava pouco importunado com suas ofensas, mas feliz por tê-lo detido do constrangimento que impunha às crianças.

E, como o caminhão estava arrumado e íamos partir, passei rapidamente a mão na cabeça daquelas duas menininhas e pedi-lhes a proteção do Pai Maior.

Subi em seguida no caminhão e pude notar que a mãe das duas criancinhas foi buscá-las a levá-las para dentro da casa. E, virando-se em minha direção, enviou-me singular gesto de agradecimento.

Notei também muitos homens e mulheres saindo dos casebres, agora mais aliviados pela nossa partida.

Compreendi sua angústia por não saberem, a cada tropa alemã que por lá passava, o que dela esperar; talvez até a morte.

Foi nesse ambiente de despedida que partimos.

Fiquei sentado na carroceria do caminhão frente a frente com o soldado que havia me dirigido as ofensas. Ele me olhava com ódio. Parecia ter vontade de me matar. Caso pudesse, teria me agredido. Só não o fez por motivo de estarmos sendo guiados por superiores militares em forma hierárquica.

Foi nesse momento que mais uma vez percebi como o homem era rude. Aquele olhar bravio e rancoroso mostrava a face de um sujeito orgulhoso que acabava de receber uma justa lição de solidariedade e humanidade, mas não queria aceitá-la.

Indubitavelmente, sua consciência o despertava para as minhas humildes lições, mas seu orgulho o afastava do bem, pelo simples capricho de não conseguir se render a um dizer de um estranho. Mostrava-se como nosso líder e, como grande parte de nosso povo, onipotente. Estes, sem dúvida, não enxergavam Deus como o único Ser com poder suficiente a nos determinar e orientar.

Daí, como sempre fiz, mesmo antes de converter-me à doutrina espírita, pedi o perdão do Pai para aquela alma insipiente, rogando-lhe luz aos olhos, amor aos seus ouvidos e paz ao seu coração.

Ele se escondia dos ensinos superiores de Jesus, contudo, agarrava-se às teias infaustas das trevas por meio do orgulho e da prepotência. Muito havia ainda a aprender e ouvir dos ensinamentos do Mestre; muito a redimir-se perante o Pai.

Continuava nossa viagem extremamente longa.

A chuva piorava, a estrada ficava mais perigosa.

Nossas capas impermeáveis não detinham tanta água, e estávamos encharcados. O caminhão em que viajávamos, ao contrário dos outros, não era coberto.

Havíamos acabado de subir uma razoável ladeira muito estreita e, quando passamos a descê-la aproximadamente em sua metade, nosso caminhão bateu na encosta do barranco. Com extrema tristeza e susto vimos ser solta a roda que havia acabado de ser trocada. Sem dúvida tinha sido mal fixada.

O inevitável aconteceu: o caminhão despencou barranco abaixo.

Fomos atirados para fora do veículo a uma altura de vinte metros, mais ou menos.

Consegui apenas notar o medo e a aflição de todos.

Parecia estar afastado de meu corpo e o vi cair por entre as árvores.

Não senti nenhuma dor nesse momento.

Meu corpo vestido como militar com as vestes tradicionais de um soldado caía bruscamente em direção ao chão. Só que era suavizada sua queda por meio dos pequenos galhos e folhas das árvores.

Aqueles galhos secos faziam-se como braços de Deus a me aliviar o desastre.

Em poucos segundos, que pareceram horas, meu corpo estava esticado no chão barrento, com ferimentos e muito sangue.

Eu parecia observar tudo a uma altura superior, de uns cinco metros. Notei o caminhão caído, totalmente destruído, com diversos soldados mortos. Estava a uma razoável distância corpórea do acidente, e meu pobre corpo escondia-se atrás de uma árvore com frondoso e gigantesco tronco, que me cobria aos olhos dos soldados alemães dos outros caminhões. Eles pararam para nos ajudar.

Ouvi um deles gritar:

— Tem alguém me ouvindo? Está alguém com vida?

Não conseguiram descer para nos salvar, pois não possuíam equipamentos suficientes para escalar o barranco.

A chuva continuava a cair em abundância, e eu via meu corpo cada vez mais molhado. Estava com as vestes rasgadas e sangrava no peito, rosto e braços.

Consegui também ouvir o que o comandante, que estava na estrada, dizia:

— Não devem existir sobreviventes. A queda foi de altura considerável. Chegaremos ao local almejado e comunicaremos ao grupo de salvamento.

E disse em voz firme:

— Vamos embora, soldados!

Não estava perplexo com as palavras do comandante militar, pois sabia o quanto era ele duro e sem coração. Pouco se importava com seus soldados, somente com seu poder. Mas abismado fiquei em ter conseguido escutá-lo. Afinal, estávamos a uma distância em torno de quinze metros um do outro.

Então, fixei meu corpo e comecei a pensar: "Estarei morto?!".

Foi quando uma voz muito suave e conhecida me falou assim:

— Não, filho. Você vive e sempre viverá.

Era meu pai, o sr. Alfred, um dos mais importantes amigos que haviam passado por minha vida.

— Papai?! – falei, chorando.

— Calma, filho – disse-me –, confie em Deus, utilize sua fé para superar mais essa prova do Pai, confie...

Não pude deixar de notar sua vestimenta, que se apresentava através de uma túnica bem alva e leve. Estava ele acompanhado de várias outras pessoas com as mesmas vestimentas, e sem delongas começaram a acudir os outros soldados, que pareciam mortos.

— Papai – novamente me dirigi a ele –, eu sabia que íamos nos encontrar. Hoje acredito na vida após a morte. Aprendi com o dr. Petterson alguns ensinamentos espíritas e...

Nesse momento, meu pai interrompeu-me:

— Poupe suas forças, filho. Tem muito o que aprender. Deve muito ainda praticar o bem. Tem muito que ensinar e distribuir amor aos irmãos na Terra. Deve ainda tornar-se um seguidor do cristianismo. Precisa crescer mais espiritualmente e tornar-se um humilde servo de Deus.

Parou por alguns instantes e voltou a acentuar, com voz fraterna:

— Alexander, você ainda não desencarnou. Muito tempo tem de vida, por muitas trilhas caminhará ainda para poder se encontrar com a Casa do Pai. Filho, deverá voltar; e lute contra a dor física. Estaremos a aliviar seu sofrimento por meio de passes magnéticos. Aceite nossos salutares fluidos e confie naqueles que na carne irão ajudá-lo. Seu destino há de se completar; terá em poucos minutos agradável reencontro. Continue a se espiritualizar, pratique o amor com caridade, afaste-se do egoísmo e das suas tendências orgulhosas, mas utilize o que tens de melhor: a fé em Deus.

E, como a conduzir-me ao corpo, deu-me abraço carinhoso e tornou a ressaltar:

— Não abandone os que mais precisam. Faça como o Mestre, cure com as palavras e gestos e ore sempre ao Pai. Tenha certeza de que o céu nunca o abandonará.

Vendo o meu olhar espantado, pelos soldados que estavam ao redor, disse-me:

— Sempre se preocupando com o próximo... Sim, estão todos desencarnados, mas serão auxiliados por nós. Portanto, vá e deixe este serviço por nossa conta. Fé, muita fé, meu filho.

Acordei dentro de meu corpo e dei um grito fortíssimo de dor.

Parecia ter vivido um pesadelo e um sublime sonho.

Não esqueci que vi meu pai, ouvi seus dizeres, deparei com inúmeros e amáveis espíritos a ajudar a todos.

As túnicas que vestiam eram tão alvas que ofuscavam minhas vistas.

Estava acordado, e, claro, vivo. Não havia desencarnado.

No entanto, não conseguia me mexer. Meus ombros pareciam estáticos. Sangrava pelos braços, rosto e abdome. Somente conseguia mover minhas pernas. Mas era incapaz de levantar-me.

A dor aumentava, e pensei que não conseguiria suportá-la. Foi então que lembrei dos dizeres do sr. Alfred: "Tenha fé e confie naqueles que irão ajudá-lo".

Assim, em poucos segundos passados, ouvi um barulho na mata.

Parecia pessoas a dizer:

— Estão aqui.

Novamente o idioma era russo. E em mais alguns segundos aproximaram-se de mim alguns humildes homens e mulheres. Eu os vira na viela pela qual passáramos em aproximadamente quinhentos metros.

Vieram em meu socorro e dos outros, mas logo perceberam estarem todos mortos, menos eu.

Foi então que avistei a linda jovem de meus sonhos.

Estava ela por detrás do grupo de homens e mulheres que me rodeavam, com os mesmos olhos negros, pele alva, cabelos pretos, compridos. Era de fato muito bela.

Não pude deixar de notá-la e olhá-la com espanto.

Foi então que ao me ver deu um carinhoso olhar de reencontro e sorriu amavelmente.

Quem ela era?

E, aproximando-se de mim, estendeu sua destra na direção de minha face, como em meu sonho. E eu adormeci como se tivesse tomado sedativos médicos.

XI

Milakanova

Ao ACORDAR, vi-me deitado em uma cama de palha, por sinal muito confortável.

Estava com diversos curativos e faixas pelo corpo. Percebi que minhas feridas tinham sido desinfetadas, e meus profundos cortes no abdome e braço esquerdo estavam fechados por pontos de linha grossa.

Não tive muito tempo para pensar. Não conseguia esquecer os últimos acontecimentos.

A guerra, sem dúvida, trazia dores, aflições e muitas outras histórias a todos, mas, para mim, as experiências foram marcantes.

Primeiro a dura despedida de todos os meus amigos e minha mãe. O difícil adeus a dar para as crianças da instituição.

Depois, os sonhos com aquela bela jovem.

No acampamento, as lições espíritas de Petterson e Roboels. O livro do Evangelho Espírita, sempre aberto em capítulos que me ditavam o caminho a seguir. Aprendi a falar e ouvir russo, primeiro em sonho, depois na realidade, quando do episódio dos prisioneiros, que por sinal também foi previsto em sonho.

Logo em seguida, a viagem para a frente de batalha. O pneu furado do caminhão. A espera pelo conserto na viela, com russos pobres, a discussão com o soldado alemão molestador de crianças, e o apoio pelo olhar e gesto daqueles humildes seres humanos. Em seguida, o acidente com o caminhão militar, a aparição de meu pai e outros benfeitores dos céus. A palavra amiga e confortadora de Alfred encorajando-me a continuar vivendo pelo amor, caridade e fé em Deus. O conselho carinhoso de um pai dedicado dizendo-me para confiar naqueles que me salvariam da morte. O despertar no corpo ferido, e muita dor, muita dor.

Por conseguinte, a vinda daquelas criaturas salvando-me da morte, reconhecendo meu gesto ao defender as duas criancinhas das molestações dos dois soldados alemães inconseqüentes. Rodeado pelo povo da vila, vejo a presença daquela linda e carinhosa moça de meus sonhos noturnos, com o mesmo jeito fraternal, colocando-me sua mão diante de meu rosto, aplicando-me um suave passe; adormeci.

Estava agora acordado e pensava alto:

— Não existem coincidências. Petterson me disse que o destino traçado por Deus para o homem deve ser fielmente cumprido com ele.

Mas o que seria tudo aquilo?

Parei por alguns segundos e voltei a ponderar: por que *O Evangelho Segundo o Espiritismo* me mostrava sempre o caminho a seguir? O que significavam os sonhos com aquela jovem, de quem nem ao menos conhecia o nome? Por que e como aprendera o idioma russo? Por que meu pai havia me dito para confiar naquelas pessoas se nem ao menos eu as conhecia? Por que ele me disse que estava perto de ter um reencontro?

E novamente, após pequena pausa, tornei a questionar-me: eu caíra de grande altura. Todos haviam morrido; por que teria só eu sobrevivido? Por que Deus resolvera me poupar? Teria alguma missão espiritual no campo do Espiritismo e cristianismo a executar? Teria algo de muito novo a aprender?

Minhas dúvidas e meu questionamento íntimo assolavam-me a alma. Estava confuso, com sono, atordoado.

Foi quando adentrou o humilde aposento em que estava recolhido a bela moça de meus sonhos.

Tornou ela a sorrir carinhosamente e disse-me:

— Sente-se melhor, Alexander?

Abri os olhos, espantado, e respondi-lhe com uma pergunta:

— Como sabe o meu nome?

Sem me dar chance a novo questionamento, ela falou-me, fraternalmente:

— Também sonhei com você, e num desses sonhos disse-me como se chamava.

E continuou:

— E, mesmo que não soubesse seu nome, eu o teria descoberto ao ver seus documentos.

Fiz breve ilação; era óbvio que conseguiria descobrir meu nome nos meus documentos militares, e até mesmo pela pulseira que carregava, com meu nome completo e contingente militar, pois usá-la era obrigatório. Entretanto, não foi por esse caminho que a moça o havia descoberto; mesmo porque eu não lhe havia contado sobre meus sonhos, nem que ela fazia parte deles.

Assim, após ter terminado sua observação, voltou a sorrir angelicalmente.

Eu estava desarvorado. Mas consegui, em russo, fazer-lhe uma outra pergunta:

— Diga-me, por favor, qual é seu nome?

Com a voz doce de alguém muito superior espiritualmente, respondeu:

— Milakanova.

Consegui esboçar um sorriso companheiro de felicidade.

Aquele nome era lindo como aquela jovem.

Já se fazia ela muito especial para mim. Muito teríamos que conversar e, de certo, muito eu teria que aprender com ela.

Logo Milakanova percebeu que eu ainda precisava recuperar forças e, segurando minha mão, orou em silêncio, com os olhos cerrados.

Pude, pela primeira vez, sentir suas suaves mãos, que mais uma vez me inspiraram a idéia de um reencontro. Em segundos, adormeci.

Acordava e adormecia. Cheguei a dormir por várias horas seguidas. Era alimentado com um caldo muito forte e quente, que me era servido por um homem de idade mediana.

Permaneci nesse estado por dois dias consecutivos, até quando me senti disposto e resolvi me levantar.

Adentrei o que podemos chamar, em nossas acomodações, de sala e nela reparei em grande mesa rodeada de várias cadeiras.

Percebendo que me levantei, uma senhora muito amável me saudado fraternalmente e se identificou com sendo dona Sabrina. Veio ao meu encontro o homem que me servia as refeições, o sr. Pretovisk, e a srta. Milakanova.

A idosa senhora, notoriamente muito simpática, pediu, com clareza:

— Milakanova, leve o sr. Alexander para dar uma volta no bosque. Ele deve estar se sentindo mais saudável, e com certeza quer explicações.

Sem dúvida aquela senhora não podia ter tido idéia mais oportuna. Estava eu sedento de explicações.

Então, a jovem entregou-me sua mão e fomos ao passeio reconfortador.

Saímos da casa construída em palha e madeira rústica. Demos a volta pelos fundos e logo adentramos um pequeno bosque maravilhoso.

Caminhávamos através de grandes árvores, as quais nos refrescavam, pois o sol nesse dia parecia estar fortíssimo.

As flores se apresentavam por meio de rosas e margaridas de cores variadas, amarelas, vermelhas e brancas.

O ar estava calmo, fresco. Perto de uma frondosa árvore, sentamo-nos e pusemo-nos a conversar.

Comecei a puxar o assunto assim:

— Deve saber que sou muito grato a vocês. Estou espantadíssimo, e ao mesmo tempo curioso. Sinto-me sedento de informações e esclarecimentos. A partir do momento em que fui convocado para essa guerra, aprendi muitas coisas que até então ignorava. Mesmo assim, não consigo decifrar certos acontecimentos.

E perguntei-lhe:

— Como explica você e eu termos sonhado um com o outro ao mesmo tempo? Como pode explicar-me o fato de eu não ter morrido naquele horrível acidente? Como vocês sabiam que ele havia ocorrido?

Continuando, expliquei-lhe a aparição de meu pai e dos outros enviados dos céus, e contei-lhe o que ele havia me dito. Então, assim, encerrei minhas indagações:

— Qual a conexão existente entre meus sonhos, os seus e os dizeres de meu pai? E mais: como aprendi a falar russo sem ao menos ter um único parente dessa nacionalidade?

Então, em tom mais carinhoso, disse-lhe:

— Por que tenho a impressão de conhecê-la?

A moça sorriu e disse, em aguda sonoridade:

— Sente-se forte o suficiente para ouvir tudo o que tenho a dizer-lhe?

— Sim – respondi sem hesitar.

— Alexander, comece a compreender o que digo pelas máximas de Jesus: "Somos todos irmãos" e "devemos amar uns aos outros".

Continuou sua exposição em forma suave, e de suas palavras pareciam sair gotas de açúcar, de tão doces que eram.

Fitei-a profundamente e pude notar que do céu derramavam-lhe pequenas pétalas de cor champanhe.

Milakanova prosseguiu:

— Se bem percebeu, vivemos aqui em um cenáculo simples e humilde. A pobreza material é compensada por fortes felicidades espirituais. Deve ter passado por algumas outras vilas, Alexander. Estou certa?

— Sim — respondi afirmativamente com a cabeça.

— Pois bem. Essas vilas muito pobres foram se formando durante e após nossa revolução. Muitos habitantes das cidades, não agüentando a pobreza urbana, as horríveis torturas dos revolucionários, a dificuldade financeira e de encontrar emprego, vieram para elas a fim de cumprirem com a mínima subsistência. Veja, não estou aqui para explicar, aprovando ou não, a Revolução Bolchevique. Pretendo apenas colocá-lo a par da situação de nossa população. As condições precárias que os centros urbanos antes, durante e após nossa revolução passam fizeram com que muitos de nossos antepassados voltassem unidos a formar pequenas vilas, as quais, ao menos, lhes garantissem a sobrevivência mesmo que precariamente; pois o estado de penúria e violência nos grandes centros era insuportável.

— Então vieram para cá por extrema necessidade?

Após mais um doce sorriso, ela respondeu:

— Não, Alexander. Nossa viela, se bem observou as outras, é maior em tamanho e população.

Novamente concordei com um balançar de cabeça, e notei que, nesse momento, do Alto caíam sobre Milakanova diversos minúsculos pontinhos dourados, semelhantes a pequeninas estrelas pontiagudas.

— A vila em que ora está instalado, Alexander, tem formação diferenciada das demais, apesar de também tentar cumprir com a exigência primária do ser humano: a sobrevivência. Possui esta humilde vila uma função maior: a da reorganização, estruturação, auto-ajuda e irradiação espiritual aos que nela se encontram e a todos os outros nossos irmãos do mundo.

Vendo-me espantado glosou:

— Amamos não só a nós, ou nossos familiares, mas o próximo. Lembre-se do que eu disse no começo do discurso e entenda o que vou dizer pelas máximas de Jesus: "Somos todos irmãos" e "amemo-nos uns aos outros". Então, Alexander, as pessoas que aqui se encontram possuem funções espirituais específicas, trabalham para o bem comum e alegram-se com a felicidade do próximo. Procuram única e exclusivamente o amor de Deus e a paz de seu céu. Somos agraciados por mensageiros celestes puramente cristãos, que, através de nossos poucos médiuns, pregam a paz; a verdadeira busca do ideal cristão plantado por Jesus quando na Terra esteve; a abnegação, o devotamento ao próximo.

Eu estava estupefato.

— Assim vivemos paupérrimos em condições materiais, mas abastados em espírito. Todos aqui se importam com a evolução da alma e colaboram com o Senhor por meio de preces, ações comunitárias e salvamentos samaritanos, como o seu. Somos mendigos para o mundo nobre europeu, porém, para nosso humilde grupo espiritual, transmissores de Cristo, pequenos seguidores de seus passos, trilhantes dos sofridos caminhos dos cristãos. Tentamos ser pequenos servos de Deus em humildade, compaixão, benevolência e caridade ao próximo. Amamos todos os amigos, familiares e os que se julgam nossos inimigos, e instruímo-nos nas veredas de luz da doutrina espírita, através da prática da caridade desinteressada. Tentamos falar, agir, compreender a comunidade que habitamos e o mundo como espíritos cristãos.

Estava quase chorando de emoção por causa das profundas e esclarecedoras lições de solidariedade, quando avistei cair sobre aquela santa moça uma quantidade ainda maior de estrelinhas douradas, agora misturadas com pequenos corpos que não consigo descrever, esverdeados e outros prateados. Seus lindos olhos faziam-se brilhar juntamente com aquelas recompensas do céu, iluminando ainda mais sua alma e seus dizeres.

Continuou ela a me brindar com belas e humildes palavras desta forma:

— Consideramo-nos pequenos diante de Deus; todavia, sabemos que podemos ser grandes em amor e luz a transmitir a todos os carentes, em especial aos da alma. Sabemos que não nos basta apenas o alimento do corpo; essencial é a "sopa fraterna" para o espírito. Nossos orientadores espirituais nos dizem ser o remédio para a alma o que devemos aplicar primeiro a todos os sofredores que padecem nas teias tenebrosas das trevas. Dizem eles, sempre sabiamente, que a dor de qualquer ferimento ou o roncar de um estômago vazio de nada se comparam ao verdadeiro sofrer de um espírito que se prende ao infortúnio. E ressaltam que as tendências inferiores, como o egoísmo, o orgulho, o ódio e a impiedade são males mais difíceis de ser curados que o próprio câncer.

Nesse momento, Milakanova parou para alguns respiros e continuou, impulsionada por força superior e externa a seu corpo, com linguajar mais culto, belo e sábio:

— Nossa viela formou-se há trinta e dois anos, quando vieram para cá dona Sabrina e seu filho, Pretovisk, com alguns outros colonos de Leningrado. Formaram aqui bases sólidas em amor e ternura, e as consolidaram por meio do amor cristão e da doutrina espírita.

Espiritistas convictos, sendo Sabrina médium de excelentes qualidades, estruturaram a pequena vila, que aumentou em tamanho e população. Trouxeram para cá parentes, carentes e muitos alienados mentais. Com sua organização, a vila atende pelo necessário, dando o alimento a todos os que nela vivem. Possui instrutores e alguns professores para a formação alfabética das crianças. Está dividida em três alas, a dos estudos da Terra e espíritas, a da prática espírita e do compartimento de luz.

Eu não perdia sequer uma de suas palavras. Sentia-me encantado.

— Na primeira, são ministrados os ensinos normais às crianças e aos adultos analfabetos, onde todos aprendem a ler e escrever; e também são dados cursos espíritas para os graus variados dos habitantes, onde prelecionam pessoas aptas a transmitir a doutrina espírita adequadamente, além de uma vez por semana a dona Geórgia trabalhar incorporada mediunicamente, discursando sobre os mais variados assuntos cristãos e espíritas. Na ala da prática espírita, encontramos os trabalhos de passes, desobsessão e culto evangélico. Na ala do compartimento de luz, procuramos resplandecer energia através de irradiações espirituais para pontos diversos na Terra, de acordo com as determinações dos espíritos superiores de nosso grupo espiritual. Além desses, possuímos os trabalhos materiais de plantio de sementes, colheita, limpeza, abastecimento, costura, etc. Como viu, Alexander, vivemos como pobres, mas organizamo-nos como verdadeiros cristãos.

Estava surpreendido, feliz e muito emocionado. Mais uma vez recebia lições de amor e solidariedade. Em meu íntimo, compreendia que o amor ao próximo era importante meio de evolução, mas, mesmo possuindo uma instituição para crianças órfãs e com problemas mentais até em grandes proporções, jamais antes vira tamanha organização fraterna. Indubitavelmente, a benevolência, boa vontade, o verdadeiro amor a Deus, a compreensão dos ensinos cristãos tornavam santa aquela vila.

Então, após aplaudir-lhes a atitude, disse a Milakanova:

— No mundo europeu denominariam esta vila de vila santa.

Após singelo sorriso, ela falou:

— Fazemos o que Cristo nos ensinou, ainda que imperfeitamente, almejando a Luz que ainda não possuímos. Quanto ao nome, procuramos colocar o mesmo do grupo espiritual que nos auxilia, do qual obtivemos permissão.

— Qual é? – perguntei sem hesitar.

— Fé, Amor e Prece – respondeu-me em profundo respeito e admiração.

Tinha muito a ouvi-la, muito o que aprender. E muito ainda Milakanova tinha a me ensinar, mas, por ora, somente rogava a Deus proteção a todos que lá viviam, pois aquela humilde vila deveria ser, com certeza, uma brilhante fonte de luz em nosso gigantesco planeta chamado Terra. Além do mais, estava estupefato em encontrar mais espíritas praticantes.

Paramos por breves momentos nossa conversa e começamos a percorrer vagarosamente aquele maravilhoso bosque.

Como continha energias sublimes!

Era abençoado pela Luz do céu, pelo amor da caridade que os habitantes da vila praticavam.

Suas formas e seus contornos expandiam graciosidade e beleza incomensurável.

Percebendo minha admirável surpresa, meu espanto em contentamento, disse-me Milakanova, com suaves palavras como o som das harpas dos anjos celestes:

— Chamamo-lo de Bosque da Luz. Procuramos aqui o reconforto e paz de Deus. Aliviamo-nos aqui, das tensões da guerra triste e dolorosa. Aproveitamos suas belas paisagens em face das telas tenebrosas e fúnebres da guerra. Buscamos em mais esta humilde e sublime obra do Pai o recarregamento das boas energias, a fim de que continuemos a trilhar com fé o caminho da benevolência ao próximo. Procuramos o carregamento das forças divinas em nossos corações, a fim de tentarmos ser os pequenos escravos do Maior.

E, continuando em tom de ensinamento, voltou a prelecionar aquela bela jovem:

— Um dia, por intermédio da psicografia da dona Sabrina, um espírito, assíduo atuante do bem de Jesus e exemplar colaborador do Grupo Fé, Amor e Prece, nos disse ser este um bosque de luz. Esse espírito, que se apresenta com o nome de Irmão Marcus, contou-nos uma de suas vidas, que se deu por volta do ano 200 d.C. Nela, ele atuava como fiel cristão, pregador das verdades Supremas pelas ruas e cidades, e também em local denominado Casa Legendária Cristã. Disse-nos que em suas longas caminhadas, perante dificuldades de aceitação e muitas vezes ofensas recebidas, muitas vezes não conseguia nem sequer uma sombra para descansar os ombros do forte sol. Por isso, falou-nos que este bosque é de luz, e que, caso em sua existência corpórea tivesse encontrado tamanho abrigo, tudo teria sido mais confortável. Assim, entendemos que este sublime recanto natural é fonte recompositora de energias espirituais, as quais devemos aproveitar, pois aquele humilde cristão e muitos outros que viveram a ensinar as lições de Jesus pouco tiveram de oportunidades para a própria reestruturação orgânica, e somente pela palavra caridosa era que recompunham as energias espirituais. Portanto, sentimo-nos privilegiados em termos junto da vila este santo bosque.

Novamente não me continha de tanto júbilo. Quantas lições! Quantos ensinos humildes! Quanto amor! Como Deus fazia-se presente na vida daqueles habitantes. Como os dizeres de Jesus apresentavam-se no coração daquela encantadora jovem. Que lições profundas sobre mediunidade...

Os poucos momentos que passava ao seu lado faziam-me crer numa única coisa: brindávamos um reencontro. Sentia estar perto do que chamamos de destino.

Mas por quê? Como?

Adivinhando minhas íntimas conjecturas, Milakanova tornou com amorosos dizeres de quem tudo conhecia, queria esclarecer e ensinar:

— Alexander, o amor é uma forma sublime de permuta de energias. Quem ama aceita, corrige-se e renova-se. O amante enxerga Deus em primeiro lugar, abriga o companheiro desejado com o manto sagrado de Jesus e protege-o, ensinando o cristianismo, doando boas vibrações e iluminando a estrada que o tutelado deve caminhar. O amor não é uma forte paixão; é luz que se irradia por toda a eternidade. O verdadeiro amor entre dois seres humanos é brilho que os conduzirá às esferas mais altas. O amor carnal, quando envolvido por carinhosos sentimentos, é laçado por um desejo maior: o de transformar-se em puro amor de almas. Os espíritos que se amam formam uma só vontade, a do mútuo progresso, a divina repartição do manto de Cristo. Os espíritos que se amam condensam sentimentos e ideais únicos, o do eterno carinho. Amam-se "amando-se", e amando o próximo. Coadunam experiências em tarefas cristãs. Tornam-se cúmplices de um só ideal, a eterna felicidade. Enxergam-na nos próprios corações e a retransmitem a todos seus irmãos, como Cristo fez. Não são egoístas, prepotentes; são caridosos e repartem o todo, o pedaço, a migalha. Semeiam o amor que possuem ao bem da humanidade e doam o pão sagrado, como o Mestre, quando trocou a própria vida por nossa redenção. Aceitam os desígnios do Pai e aconchegam-se com o muito que Ele lhes dá. Admiram Suas determinações, sabendo que estas somente serão o remédio para a atual ferida. Cuidam do corpo através dos bons pensamentos; da alma, por meio dos ensinos de Jesus; e iluminam seus espíritos por meio da caridade abnegada e sem ostentação. Unem-se para sempre em forma de almas gêmeas. Congregam seus espíritos em luz e amor para que as concessões do Pai se transformem numa única luz, a eterna, a que abraçará acolhendo; que brilhará encaminhando o próximo sem distinção. O amor espiritual é amor. É o único que se perpetuará para todo o sempre. É candura e salvação. É aquele que devemos perceber e sentir.

E, após tocar suavemente meu rosto com suas delicadas mãos, segurou as minhas e disse, firme:

— Nós nos reencontramos, sim, querido, mas devemos brindar a isso com amor no cálice da eternidade, feito por meio do cristal puro do amor do Pai a nós e pelo sacrifício de Jesus. Não devemos comemorá-lo por meio de penosos e longos anos de fragilidade. Equilibremo-nos e façamos deste reencontro um novo encontro eterno. Solidifiquemos o ninho que nos aguarda no céu, e não brindemo-lo com as taças frágeis dos falsos desejos, das paixões inferiores. Estas rompem-se, quebram-se e perdem-se. Edifiquemo-lo eternamente com sólidas bases de benevolência, caridade, piedade e ternura ao próximo. Bebamos da água do chafariz do céu, e não o vinho que nos embriagará em meio a prazeres temporários. Orgulhemo-nos de reparti-lo com todos através da caridade e amor ao próximo. Vistamos a túnica do trabalho cristão e sigamos pelas belas e doces pegadas de Jesus, que só nos encaminharão ao ninho do amor espiritual. Façamos do reencontro carnal a união para a eterna felicidade.

Milakanova parou, pois, como eu, derramava lágrimas. E, após alguns minutos, carinhosos olhares e um forte, gracioso e reconfortante abraço, prosseguiu:

— Alexander, trabalhe em prol do próximo e, com certeza, receberá a confirmação íntima do que deve fazer, dos porquês da vida. Deus o tem avisado, por intermédio de sonhos, do rumo que deve seguir. Utilize sua fé e confie seus esforços em favor dos irmãos carentes do auxílio fraterno. Saiba que os sonhos são oportunidades que o Maior nos oferece para terminarmos obras, conduzirmos verbos pelas estradas do amor, elevarmos pensamentos aos sacrificantes trabalhos de um espírito cristão. O espírito, Alexander, é fonte viva de impressões, sentimentos, comportamentos, do hoje, do ontem; por isso você consegue entender meu idioma. O espírito é manancial de recordações, e por esse motivo percebe com clareza os ensinos cristãos do Espiritismo. O espírito já os possui em seu reservatório de informações. Já viveu em diversos países, em várias condições, foi pobre, rico, etc. A reencarnação é meio para lapidarmos as falhas e aumentarmos a luz dos acertos. Hoje somos pais, amanhã filhos; hoje russos, no futuro, alemães. Consegue recordar algumas impressões de suas vidas pretéritas, como permissão de Deus. Sabe falar russo porque já aprendeu esse idioma no passado, mas somente consegue lembrar por permissão do Pai, pois quer Ele que você evolua, pratique o bem e compreenda o Espiritismo para melhor auxiliar. – Sorriu-me. – Caso queira ficar em nossa humilde vila, você aprenderá mais sobre a doutrina espírita e praticará a caridade, sabendo ser esse um dos maiores e melhores caminhos para a nossa evolução.

Não existindo mais tempo, pois aproximava-se a hora da refeição do meio-dia, Milakanova se calou. Esboçou um sorriso de contentamento e entregou-me mais uma vez sua mão, para que eu a acompanhasse de volta à casa da dona Sabrina.

Não mais a interroguei. Apenas compreendi que aquele era um reencontro espiritual, e atravessamos abençoadamente o Bosque de Luz.

XII

O amor de Milakanova

Nosso amor resplandecia em luz. Realmente compartilhávamos um reencontro. Agora, sentia-me mais preparado para usufruir daquele agradável sentimento a mim dedicado por aquela iluminada moça.

Mas não foi sempre assim. Novamente remexendo o passado, conseguimos observar alguns infortúnios de minha parte em contraposição à de minha amada. Como já relatado, temos o caso da bruxa, na época da Inquisição religiosa. Lá estava ela sacrificando-se por nós. Quando a vi presa a tormentos terríveis, senti algo que me impulsionou a instintos nobres, latentes em todos nós, quando colocados pelo Criador. Em vez de tê-la resgatado, deveria ter absorvido e guardado em meu coração esse sentimento nobre, para, no futuro, mudar minhas atitudes de inquisitor.

Porém, que fiz eu?!

Perdi mais uma oportunidade do céu, matei Edward, na época o sacerdote Afonso, comprometendo-me com dívidas futuras. Apesar do amor à bruxa, no caso Milakanova, não tive paciência de esperar para comungarmos nosso amor no céu. Ao contrário, meus instintos masculinos ainda não depurados fizeram-me possuí-la muitas vezes, sempre à força. Em conseqüência, distanciei-me ainda mais de seu grau de evolução espiritual.

Todavia, não param por aí os esforços dessa santa moça em trazer-me à boa Casa do Pai.

Vamos para um pouco mais longe. Mais precisamente o ano 300 d.C.; estamos em Roma. Sou pobre, um vendedor de utensílios de cozinha adquiridos para revenda. Ela, uma bela jovem, criada de uma família de pretores romanos, que vivia sendo escorraçada pela matriarca da casa, que tinha inveja de sua beleza. O patriarca tentava sempre, sem êxito, possuí-la com fins libidinosos. Nunca me esquecerei da tarde em que passeava às margens do rio Tibre. Era um entardecer belo do sol resplandecente de outono. Caminhava jogando pedrinhas no rio. Pensava na vida, quando, de repente, vi-me frente a frente com a mulher mais linda que poderia existir. Novamente sorrimos um para o outro. Repetidamente, parecíamos nos reencontrar. Aquele sorriso e olhar não cativavam somente pelo fato de serem bonitos, mas pela beleza que vinha d'alma. Algo partia diretamente do coração daquela jovem. Brilhava mais que as estrelas. Regava o jardim quase seco de meu coração. Traduzia indeléveis desejos que, na época, suplicava aos deuses. O sol de seu olhar iluminaria qualquer caverna escura. O luar de seus verbos abraçava com força, transmitindo proteção a qualquer coração medroso como o meu. Ainda hoje me emociono ao recordar o momento em que entrelaçamos nossas mãos nas caminhadas que passamos a fazer, já em namoro. Comovo-me sempre que me lembro de nosso primeiro abraço mais apertado. A troca de energias benéficas com aquela mulher me fazia e me faz ainda o espírito mais feliz do mundo. O primeiro beijo se torna indescritível diante de nosso escasso vernáculo material. Não era o sabor que me atraía; a suavidade com que era realizado trazia lembranças, mesmo encarnado, das bênçãos celestes. A moça, hoje nomeada Milakanova, para mim sempre foi e será um anjo. Contudo, irmãos, não foi como anjo que agi. Algum tempo passado, após conhecermo-nos, mais precisamente nove meses depois, contraímos núpcias. Ela conseguiu emprego em residência mais digna e menos vil, espiritualmente falando. Eu aprendi o ofício de ferreiro. Arrumei, também, emprego melhor, e conseguimos alugar casa pequena e simples. Apesar disso, estava sempre repleta de amor. Nós dois compartilhávamos intenções de aumentar a família. Estávamos nos organizando para isso. Foram onze meses de incessantes trocas de energia. O amor resplandecia naquele pequeno lar, ora pelas portas, ora pelas janelas. Tudo trilhava bem, até o dia em que ela conheceu um senhor cristão. A jovem, hoje Milakanova, abraçou como nunca a doutrina de Cristo. Participava dos cultos de Evangelho nas catacumbas, e insistia para que eu fosse com ela. Certa vez, vendo-me desgostoso disse-me assim:

— Querido, você anda sem luz. Parece que suas esperanças se perderam no deserto. Precisa de ânimo. Necessita dos ensinos de Jesus.

— Só preciso que você fique em casa. Deixe de sair à noite para comparecer a essas reuniões ocultas e ofensivas às leis. Necessito que pare de desmoralizar nosso lar e casamento – redargüi com austeridade.

Novamente, com a doçura costumeira, ponderou a nova cristã:

— Querido, deve ouvir o que diz sobre o amor o Nazareno. Ele foi sábio em seus dizeres, quer que implantemos a paz e benevolência para todos. Só assim conseguiremos atingir a paz de espírito. Meu amor, seja paciente com as provas impostas do hoje, como marco para a luz e sublimação do amanhã. Saiba aguardar os momentos certos para sua evolução. Não tenha ciúme. O amor da carne em nada pode superar o amor das almas. Jesus dizia que aqueles que sofrem e padecem na Terra serão abençoados nos céus.

— Pare já com essas bobagens! Você é minha esposa e me deve os direitos conjugais. Principalmente o respeito. Que dirão se descobrirem que você sai algumas noites sem minha companhia para ir a essas reuniões religiosas?! Imagine a humilhação, pois são reuniões com a presença de homens e mulheres! Que...

— Não diga isso meu amor. Está com ciúme porque não conhece aquelas pessoas. Elas são do bem. Por isso, peço encarecidamente que venha comigo a apenas uma dessas sessões, e verá você mesmo que todos só querem fazer a caridade.

— Nunca! Sofremos bastante para perdermos nossas vidas por um homem que nem ao menos conhecemos! E nossa casa não parece mais uma fonte de luz; ao contrário, agora é repleta de discórdia! – contestei com segurança.

— Querido, esse homem veio ao mundo para nos mostrar o verdadeiro Deus. Através Dele, curas e milagres foram e são realizados. Por Ele a esperança foi renovada. Não se preocupe com o que lhe dizem, o importante é o valor do nosso amor. Saiba ainda que a fonte de luz é uma das fontes de Deus. Pois a fonte da vida é a alegria e o amor; da sabedoria, a paciência; da ternura, o carinho; da bondade, as palavras do Mestre; e a fonte eterna da vida é Deus. Com Jesus por minhas palavras digo-lhe: "amai-vos uns aos outros, porque todos somos irmãos".

— Você realmente perdeu o juízo! – ponderei, quase gritando. – Age como se eu nunca a tivesse amado. Abandonou-me. Esqueceu-me à própria sorte. Desistiu dos nossos votos de união.

— Não fale assim, querido, eu o amo cada vez mais. A diferença é que agora estou agindo para o bem dos ensinos do Cristo. Tento agir acalmando o próximo. Orientando o desequilibrado, cooperando na seara do Bem, doando, doando com caridade, caridosamente, sem ostentação, o abrigo, o reconforto, a ajuda, a palavra amiga. Amor de minha vida, deve rogar por entendimento e paz para seu coração. Devemos colocar a luz em nossa trilha na estrada da vida eterna, pedindo ao Mestre força para superarmos os obstáculos, e perdão a Deus pelas nossas faltas.

— Jamais a compreenderei. – E encerrei assim nosso diálogo.

Pouco mais de um mês se passou, e minha esposa foi presa e condenada à morte. No entretempo, vivi com ela em discórdia. Perdi mais uma oportunidade. Só dei valor à sua presença depois que não a tinha mais. Mesmo assim, não procurei aprender a ser cristão. Desse modo, continuo tentando alcançá-la espiritualmente, para quem sabe um dia vivermos num só pensamento, num só desejo...

E não pararam por aí as vezes em que essa alma caridosa tentou me ajudar em encarnações missionárias.

Caros irmãos, compreender o próximo é, também, um ensinamento de Jesus. O ser humano que sabe compreender é virtuoso. Possui a virtude de uma das esferas do amor predicada por Cristo. Quantas vezes ao compreendermos ou escutarmos alguém não estaremos analisando nosso próprio "eu"? Compreender é caridade. Jesus compreendia a todos com seu amor, juntamente com sua imensa sabedoria. O amparo é ato de compreensão, e deve ser exercido para todos entre todos: homens, mulheres, casais, famílias, trabalhadores, sociedade. Jesus falou: "Amai-vos". Nós também devemos entender: "Compreendei-vos". O mundo necessita de mudança, a Terceira Revelação nos ensinou. Compreendamos. O médico deve compreender as enfermeiras, e estas, as faxineiras. O advogado deve entender o estagiário, e este, as secretárias. Os engenheiros devem compreender os operários das obras, e estes, seus filhos. Os chefes, seus subordinados; os credores, os devedores; e assim respectivamente, todos devemos compreender a todos. Desta forma, receberemos bálsamo dos céus, sob forma radiante da eterna compreensão de Deus para conosco, ainda errantes nas lições deixadas por Jesus há vários séculos.

XIII

Santa vila

Gentilmente fui recebido para o almoço naquela humilde casa. Fui servido com um prato suculento de ave e legumes, e de sobremesa comi algumas frutas.

Dona Sabrina muito agradavelmente perguntou como me sentia e se havia gostado do bosque.

Com palavras repletas de contentamento, eu disse-lhe:

— É lindo, senhora.

— Milakanova explicou-lhe algo sobre nossa pequena comunidade? – inquiriu, com ar austero.

— Sim – novamente respondi. – Disse-me tudo sobre vocês, inclusive sobre a doutrina espírita.

— E está convencido de que tentamos ser uma única família, a família fraterna e solidária; onde somos nós, a humanidade, uma única coisa e temos um único Criador?

— Entendia isso há muito, só não havia visto nada tão parecido e belo na prática. Sei que me faltam conhecimentos para maiores entendimentos.

— Sem dúvida – falou a nobre senhora –, mas Milakanova não deixará de lhe ensinar o resto e mostrar-lhe todos os nossos compartimentos.

Assim, olhou para moça como quem deseja resposta.

— Farei com muito prazer e amor cristão – afirmou a jovem.

— Pois bem, Alexander – redargüiu dona Sabrina –, quero saber se fica conosco para que possa preparar-lhe um aposento mais tranqüilo e com maior privacidade.

— Se puder, gostaria muito – respondi com sorriso bem largo.

Nesse instante, aquela educada senhora contou-me com mais detalhes a história da formação da vila, iniciada por ela e seu esposo falecido. Contou-me ser Pretovisk seu filho, e, com muito espanto e admiração, ouvi dela a história de Milakanova.

Dona Sabrina falou que os habitantes da vila, de tempos e tempos, vão a outras cidades e de lá procuram trazer algumas pessoas muito carentes e várias crianças que são abandonadas por seus pais, ou ficam órfãs. Disse-me que na União Soviética esse abandono é comum, e o motivo principal é a pobreza da população. Claro, explanou não ser esse motivo justificável. Porém, numa dessas idas à cidade de Leningrado, encontrou Milakanova vagueando sem rumo, com apenas cinco anos de idade. Conhecendo e percebendo ter sido ela abandonada, trouxe-a para vila, e a dona Sabrina e o marido a criaram como uma filha. Afirmou, também, que ficaram muito felizes, pois dona Sabrina não conseguia mais engravidar após o primeiro parto.

Foi então que a jovem me convidou para mais um passeio pela vila Fé, Amor e Prece, para que a conhecesse um pouco mais, inclusive seus moradores.

Aceitei sem vacilar e olhei dona Sabrina, com um ar interrogativo que lhe dizia: "posso ou não posso ir?".

Então, a senhora sorriu-me.

— Vá, filho. Aproveite a oportunidade que Deus nos dá e troque experiências, vivências.

— Obrigado – respondi-lhe, com júbilo.

Eu e Milakanova tornamos a sair, com as mãos entrelaçadas, e fomos visitar a pequena comunidade. O pequeno mundo pobre, rico em amor, repleto de luz. O pequeno hábitat que, se existisse ainda hoje, por muitos seria repudiado. O local pobre de pequenas construções, mas bem construídas com o alicerce do amor ao próximo.

O mundo em que os orgulhosos, os nobres, os egoístas, os coléricos jamais quereriam habitar, mas, com certeza, teria sido um excelente abrigo aos pregadores do cristianismo muito tempo atrás. A morada simples, humilde, onde, se estivesse encarnado Jesus, iria querer morar. A casa e comunidade da singeleza e meiguice, onde a pobreza era só material. O local onde Deus se fazia reinar.

Com extrema curiosidade, no começo da caminhada comentei com a jovem:

— Deve se sentir muito feliz por ter tido uma nova mãe a acolhê-la.

— Sinto-me privilegiada e agradeço a Deus todos os dias – respondeu-me, com humildade.

— Não consigo imaginar como seus pais puderam abandoná-la.

— Era muito pequena e não consigo lembrar-me – retrucou a moça –, mas decerto tiveram seus motivos.

Quando da encarnação de inquisitor, na Espanha, raptei a bruxa, hoje Milakanova, como já disse anteriormente. E com facilidade consegui fugir com ela dos perseguidores a mando dos amigos do sacerdote Afonso, hoje Edward. Pude escapar porque havia acumulado grande quantia em ouro. Tudo conseguia comprar. Porém, fui atraiçoado por um casal quando já estava na França. Esse casal voltou para ressarcir dívidas com Milakanova. Não comigo, pois era também errante nos fatos. Entretanto, como pudemos notar, esse casal mais uma vez perdeu a oportunidade de ressarcir débitos com Deus, pois eram eles os pais que abandonaram Milakanova à sorte.

Então, indaguei:

— Não se sente revoltada por isso? Consegue perdoá-los?

— Jamais deixo o sentimento de revolta, ou inconformismo, adentrar meu coração, e o expulso, caso apareça em meus pensamentos. Deus nos criou com amor, e dessa forma procuro conservar-me. Deixo a boa semente que Ele plantou em nós brotar e viver saudavelmente. Procuro cuidá-la regando-a com os ensinos de Jesus, com amor e compreensão, e adubo-a com caridade. Ao mais, jamais poderia deixar de perdoá-los; afinal, esse é sentimento que qualquer ser que almeja ser feliz deve deter. O julgamento dos irmãos de jornada, se certos ou errados; justos ou injustos; verdadeiros ou mentirosos; só Deus deve e pode fazer. Assumamos nossa imperfeição espiritual e humilhemo-nos ao Pai para que Ele possa nos perdoar. Acatemos Suas determinações e vontades. Alexander, tive inúmeros sonhos como os seus com meu pai e minha mãe, nos quais ambos me rogavam perdão. Então, somente respondia-lhes: "Vivam com Deus, Seu amor e paz no coração. Não se aflijam, somos todos irmãos".

Irmãos, perdoar não é simples ato de esquecer o ofensor ou suas ofensas. É desejar com o amor mais puro da alma que seu ofensor seja feliz e evolua espiritualmente. Por isso, caminhe pelo Bem, orando por seus irmãos; ande com fé dentro do coração, amando o próximo; siga Jesus, amparando o necessitado; plante carinho, observando os mandamentos de Deus, diga a verdade, perdoando seus inimigos, frutifique amor, tendo paciência. Observe as pegadas do Mestre como luzes em nosso caminho para a Evolução.

Nesse instante, paramos em frente a uma casa. Não conseguia deixar de pensar em mais aqueles sublimes ensinamentos de Milakanova. Como era sábia e espiritualizada! Como podia ensinar tanto em tão poucas palavras? Era com certeza um anjo celeste encarnado.

Meus olhos brilhavam com seus doces dizeres. Meu sorriso alargava-se com seus divinos ensinamentos. Sabia ser ela minha doce metade, mas também compreendi o que ela havia me explicado sobre o reencontro e sobre o verdadeiro amor. Entendia que Milakanova me aceitava como também sua outra metade; contudo, em todos os momentos respeitei-lhe a vontade de ter comigo o sentimento puro, o real e verdadeiro amor, aquele que carregamos para todo o sempre. Queria ser feliz junto dela para a eternidade. E, para isso, sabia que teria muito que evoluir, aprender e praticar para colocar-me no mesmo degrau da escada que nos levaria ao encontro do Mestre. Era ela evoluída e simples; com sentimentos nobres e humildes; com carisma cristão e verdadeiro. Sabia das verdades de Deus, e também as praticava.

Então, como em toda minha vida de engenheiro na Alemanha e homem que procurava vencer e combater trevas do mal para que Jesus vencesse, resolvi assumir minha inferioridade, mas utilizar toda coragem em forma de fé no Maior, a qual possuía, para crescer em espírito, a fim de compartilhar de seu sublime amor na Casa do Pai – o céu reconfortador e revigorante.

A casa onde paramos era a residência das duas criancinhas que eu havia defendido dos ataques injustos daqueles dois covardes soldados alemães.

E, ao notar meu espanto, Milakanova disse-me:

— Foi aqui que você ganhou toda a confiança dos habitantes da comunidade.

— Então, quer dizer que viu! – Dei risada.

— Sim, eu os observava por detrás da casa.

— Jamais poderia deixar duas criancinhas indefesas ser molestadas por dois homens insensatos. E mais, na Alemanha cuido, por meio de uma instituição que fundei, de mais de noventa crianças, órfãs ou com problemas mentais. Portanto, nunca iria permitir aquela monstruosidade. Sou grato a Deus por ter me consentido a permissão de montar e cuidar da singela instituição, pois sinto-me muito feliz em vê-las felizes. Sei que o Pai é justo e que estará a auxiliá-las mesmo em minha ausência...

E, percebendo-me a voz desanimada, Milakanova comentou:

— Sim, Alexander, a caridade é o melhor remédio para as nossas almas. De todo modo, já sabemos que possui uma instituição.

— O quê?! Como? Por quê?

— Caso queira ficar conosco e permanecer em nosso grupo de trabalho espiritual, entenderá e compreenderá. Por ora é só o que lhe posso contar.

Continuamos a caminhada.

— Sim – respondi-lhe, muito curioso.

O que estaria destinado a meu novo futuro?

Que teria a realizar para compreender minha verdadeira função naquela vila?

Como deveria me portar?

As dúvidas assolavam minha mente, mas segui em frente, como um aprendiz que se interessa pelas lições do Mestre, pois desejava muito atingir a compreensão espiritual de Milakanova.

Caminhamos por meio da humilde vila, e Milakanova ia explicando-me a história dos mais conhecidos dela. A vila Fé, Amor e Prece era maior do que eu pensava.

Não consegui gravar todas as histórias, mas não esqueci a história da vida da família Jhohanson.

Pelo que Milakanova me contou, o sr. Jhohanson era homem muito sincero e honesto. Havia chegado à vila após enfrentar amargos sofrimentos. Não comungava dos ideais revolucionários. Então, os participantes da amarga revolução impuseram-lhe terríveis torturas físicas e o separaram de seus familiares. Levaram sua esposa para trabalhar como lavadeira em cidade próxima à deles e colocaram suas duas filhinhas em orfanato.

Quanto a ele, encaminharam-no a trabalho pesado nas minas de carvão na região do Cáucaso. Esses penosos e doloridos trabalhos comprometeram-lhe a saúde, ocasionando terríveis crises pulmonares.

Quando não conseguiu mais trabalhar, e, portanto, deixou de lhes ser útil, despejaram-no na rua, somente com as vestimentas do corpo.

Então, com a chegada do inverno, estava para morrer quando alguns habitantes dessa comunidade, durante uma visita a Leningrado, o avistaram e o acolheram. Trazendo-o para cá, o sr. Jhohanson se submeteu a rigoroso tratamento espiritual por mais de um ano, com freqüência de passes fluídicos e mediunidade de cura. Recebeu muitas preces e passou por várias operações espirituais.

Conseguiu sobreviver e ficou completamente curado, após o décimo quarto mês de tratamento. Aí começou esse homem outra horrível batalha: a procura de seus familiares.

Recebeu toda a colaboração dos habitantes da comunidade em relação a ajuda espiritual, moral, humana e alimentícia.

Conseguiu, com a colaboração da médium Sabrina, passados seis meses, descobrir o paradeiro de suas filhinhas. Elas ainda não haviam sido adotadas.

Somente descobriu a localização de sua esposa depois de cinco anos de separação.

Milakanova mostrou-me a casa onde habitavam agora. Parecia ser a mais iluminada espiritualmente da vila. A cobertura de palha resplandecia iluminação dourada a meu olhar. Assemelhava-se a um ninho de ouro. Provavelmente viviam em perfeita harmonia.

Foi então que resolvi indagar à jovem:

— Devem ter eles passado pesados sofrimentos...

— Com certeza. Mas hoje já se reergueram. Suas filhinhas, agora adultas, trabalham muito e são excelentes passistas. A sra. Jhohanson ministra aulas espirituais em excelentes palestras.

— Então ela é a dona Geórgia? – arrisquei perguntar.

— Sim, Alexander. É nossa melhor oradora e vive inspirada pelo espírito de um frade, o irmão Jean Carlo. Sabe prelecionar a doutrina à proporção de um anjo caído do céu. São poucos os que a ouvem sem chorar, tamanha a emotividade de suas palavras. A dona Geórgia consegue falar sobre Deus com tanta facilidade e encantamento que parece conhecê-Lo.

— E o sr. Jhohanson, o que faz?

— Durante o dia, trabalha no campo, na plantação de soja, e a noite é médium psicógrafo. Recebe mensagens sublimes e retificadoras.

Ainda abismado com o que acabara de descobrir, perguntei-lhe:

— Ele nunca mais sentiu ou voltou a ter os problemas pulmonares?

— Não. Deus deu-lhe a graça da cura do corpo físico e de seu aparelho perispirítico.

Percebendo minha confusão perante o que acabara de dizer, disse-me novamente Milakanova:

— Não se preocupe, Alexander, você irá aprender, caso fique conosco, sobre todos esses assuntos. Por ora, vamos continuar.

— Só mais um momento – eu a interrompi com mais uma pergunta: – E a médium que o curou? Deve ser uma santa.

— Claro que não, homem! É apenas mais uma trabalhadora da seara da boa vontade e benevolência ao próximo, ensinadas a nós por Jesus. Além disso, utiliza da força espiritual de um espírito indiano, profundo entendedor de curas espirituais através da água, o Irmão Zhaide.

Dando-me o braço, Milakanova me fez caminhar.

Conheci as diversas divisões da vila. Notei nelas profunda organização. A parte relativa à irradiação espiritual era grande como um armazém. Pelo meio, um espaço vazio. Um círculo redondo com uma cruz no centro colocada no chão de terra. Em volta, diversas fileiras de bancos para os participantes, ou, como Milakanova definiu, os "trabalhadores da última hora".

Perguntei-lhe o porquê, e ela me falou assim:

— São aqueles que, mesmo em ásperas situações como esta guerra, trabalham com amor a Deus todos os instantes e segundos, mesmo que aquela seja a última hora, isto é, o momento do desencarne. – E esboçou-me um agradável sorriso.

Não pude deixar de notar naquele ambiente uma série de luzes brancas e verdes misturadas com um amarelo mostarda. Essas luzes apresentavam-se como pontos esparsos pelo chão, parede e ar. Então, quis saber por que eu via aquilo.

— Porque você é médium vidente, Alexander. Muito terá que aprender, e, sem dúvida, muito mais verá.

Continuou a me mostrar a vila sem espaço para mais perguntas.

Mostrou-me, também, um pequeno cômodo com duas mesas de madeira cobertas com lençóis brancos, e explicou:

— Aqui é o compartimento do tratamento espiritual magnético e de curas médicas por meio de cirurgias espirituais.

Percebendo minha curiosidade, pois avistava diversas vasilhas fechadas com água, informou-me:

— A água é um poderoso remédio quando aliada ao magnetismo humano e espiritual. Saber usá-la devidamente de acordo com as instruções dos espíritos é "divino salvador". Conseguimos com esse uso sublime, e através de muita fé, curas surpreendentes, sempre com a permissão de Deus. Só não se curam aqueles para quem, por motivos espirituais, apenas o Pai tem a resposta. São aqueles que precisam aprender pela dor a fim de alcançar o burilamento íntimo.

Eu estava entusiasmado.

Continuamos a trilha pela vila, e conheci os departamentos de saúde, de palestras, passes e reuniões espirituais; e em todos enxergava muita luz.

Faltava-me apenas conhecer a ala dos trabalhadores braçais.

Comecei a observar, nesse momento, o compartimento que cuidava da subsistência da comunidade, a parte dos trabalhos humanos.

Realmente estava estupefato com o que tinha acabado de observar pelas alas que havia passado. A dos estudos espíritas era sublime, e dos estudos materiais, simples, mas educadora; a dos trabalhos espíritas, vivazes, e pareciam repletas em fé e ensinamentos. Conseguia enxergar em todas elas partículas de luz clara, verde, amarela, azul, lilás, etc. A ala da emanação de luz, onde se desenvolviam os trabalhos de irradiação, era um verdadeiro exemplo cristão. A organização no compartimento dos trabalhos braçais era caridosa, humana, organizada; de certo serviria de modelo para muitos governantes que querem o bem da população. Não seria útil, claro, àqueles que buscam no poder o poder.

Organizavam-se magnificamente.

O campo, isto é, o local das plantações e colheitas, era dividido por área de plantio correspondente às diversas espécies de sementes corretas ao clima da região.

Toda plantação que subsistia na vila emanava de um campo bem-cuidado e tratado com amor. Isso pude observar com os próprios olhos e trocando palavras com os trabalhadores. Eles também se dividiam. Os jovens, com os trabalhos pesados; os idosos e as mulheres, com os labores menos cansativos.

Comentou Milakanova que em nenhuma casa existia plantação extra ou cultivo discriminado. Tudo provinha dali e de lá era repartido para cada família, por meios justos. Eram analisado a quantidade de habitantes da casa, a idade deles. Por exemplo: crianças necessitavam de mais vitaminas, etc.

Também a casa com maior número de operários aptos ao serviço produzia mais para poderem receber mais, ou seja, trabalhavam por mais horas.

Havia as hortas com cada tipo de verdura e a criação de galinhas para aquisição de carnes e ovos. Os animais como o boi e a vaca serviam apenas para procriação e retirada de leite.

Havia, também, pequena cultura de peixes de água doce feita em um reservatório de madeira. Esses peixes eram retirados de um rio que corria perto da aldeia.

Além desses e dos trabalhos de costura e artesanato, existiam outros, como os de intercâmbio com cidades próximas, onde se comercializava o que era produzido na vila e se comprava o que era necessário. Todos produziam com amor para consumirem com amor.

Então, assim perguntei à jovem:

— Milakanova, todos os que vêm para cá são espíritas?

— Não. A maioria não é, mas quase todos acabam se convertendo, pois são poucos os que não conseguem enxergar que a vida não se encerra com a morte. Todos acabam por entender que para termos e crermos, realmente, num Deus justo temos que acreditar e analisar a vida por meio da reencarnação, e esta advém do preceito da imortalidade da alma. Respeitamos mesmo aqueles que não são adeptos da doutrina, desde que cumpram com suas obrigações, e também nos respeitem. Existe apenas uma exigência na vila Fé, Amor e Prece: que todos tentem ser cristãos e vejam em Cristo uma luz, e em seus ensinos, o caminho para a eternidade. Assim mesmo, consideramonos todos irmãos, independentemente do credo, raça...

Aquela estrutura econômica e social, apesar de simples, era perfeita e adequava-se completamente à realidade socioeconômica da União Soviética.

No entanto, restava-me uma última dúvida. E assim a explanei:

— Quem governa? Quem administra a vila e dirige seus moradores?

— O bom viver. A solidariedade e o amor cristão – respondeu, sorrindo, a jovem. – Todos aqui conhecem seus direitos e cumprem com seus deveres. Cada novo cidadão da vila recebe um informativo, e não regras dos direitos e deveres como membro da comunidade. No mais, educa-se socialmente com a freqüência em cursos e palestras espirituais. Todos têm um objetivo: a caridade e fraternidade ao próximo.

Realmente tudo era muito perfeito, sábio e divino.

As horas alongavam-se, e já não mais podíamos ficar juntos.

Milakanova levou-me de volta à casa de sua mãe adotiva, a dona Sabrina, que, muito amável, encaminhou-me a um novo local para habitar provisoriamente.

— Digamos que aqui é o quarto de hóspedes. Aqui é o hotel dos visitantes, ou novos integrantes da vila, até que se adaptem à vida em cenáculo, desistam e partam, ou trabalhem e construam suas próprias moradias.

Agradeci pela gentileza e pedi-lhe, se possível fosse, que me cedesse uma vela, pois, apesar do acidente, ainda possuía o meu Evangelho, e gostaria muito lê-lo.

Sem delongas, despedimo-nos, e disse ela que me acordaria não muito cedo, a fim de que eu pudesse recuperar-me o mais rápido possível do susto, do acidente e de meus ferimentos. Agradeci novamente e desejei-lhe uma boa noite, lembrando-nos sempre que tudo isso eu falava em russo.

Aconcheguei-me na cama de palha, acendi a vela, fiz oração comovida e agradecedora ao Pai e abri meu pequeno livro. Como sempre, sem mais surpresa para mim, li e reli uma de suas lições, que me mostrava mais uma vez o caminho que devia seguir.

O capítulo aberto era o XIV, a parábola de Jesus intitulava-se "Quem é minha mãe e quem são meus irmãos?", e dizia isto:

"E, tendo vindo para casa, reuniu-se aí tão grande multidão de gente que eles nem sequer podiam fazer sua refeição. Sabendo disso, vieram seus parentes para se apoderarem dele, pois diziam que perdera o espírito.

Entretanto, tendo vindo sua mãe e seus irmãos e conservando-se do lado de fora, mandaram chamá-lo. Ora, o povo se assentara em torno dele, e lhe disseram:

— Tua mãe e teus irmãos estão lá fora e te chamam.

Ele lhes respondeu:

— Quem é minha mãe e quem são meus irmãos?

E, perpassando o olhar pelos que estavam assentados ao seu redor, disse:

— Eis aqui minha mãe e meus irmãos; pois todo aquele que faz a vontade de Deus, esse é meu irmão, minha irmã e minha mãe.

(S. Marcos, cap. III, vv. 20,21 e 31 a 35. – S. Mateus, cap. XII, vv. 46 a 50.)"

Li e a reli muitas vezes, juntamente com as instruções do espírito de Santo Agostinho e do autor Kardec.

Comecei a compreendê-la, mas a fraqueza e o cansaço do corpo eram naturais, e dormi como uma criança, com a alma leve, pura e suave.

XIV

Trabalhando para a comunidade

Ao acordar, então, pensei em quão belos foram aqueles dizeres. A lição não podia ser mais oportuna para minha atual dificuldade:

Voltaria para a Alemanha? Retornaria para as forças alemãs?

Se voltasse para Alemanha, com certeza seria preso como desertor, e as conseqüências seriam funestas para minhas crianças e minha mãe. Se retornasse às forças alemãs, sem dúvida, seria reconduzido ao *front* e morreria.

Jesus estava em meu coração, e a fé que tinha em Deus era grande; por isso, não temia a morte. Apenas não queria voltar, e sim ajudar minha mãe e as crianças.

E também, dentro dessa guerra havia encontrado fortes razões para não me entregar às forças alemãs, isto é, à morte.

As lições de Petterson e os dizeres de meu pai em aparição levavam-me a crer que eu era útil e devia lutar pela vida.

Também aquela sublime vila somente mostrava-me que muita utilidade poderia ter para seus habitantes, e, principalmente, eles para mim. Estava mesmo determinado a aprender o Espiritismo. Além do mais, queria muito a evolução espiritual. Sabia que só a conseguiria com abnegação completa ao próximo, desapego material. Somente afastando-me do materialismo egoísta conseguiria obter a paz interior e escalar as montanhas em direção ao céu.

Isso tudo sem contar o reencontro espiritual, muito sublime, que tive com Milakanova. Não queria deixá-la. Precisava – e muito – dela para minha evolução espiritual.

Tinha o forte pressentimento de que deveria ficar para aprender, trabalhar e tentar ensinar.

Daí, aquelas belas lições do Evangelho ressoavam em meu ser: "Alexander, siga seu coração. Voe com as asas do amor. Olhe o sol e imagine Deus. Cresça como as sementes bem germinadas. Dê a si mesmo a oportunidade conferida pelo Pai. Escute a voz que dentro de você clama assim: 'Seja feliz'; 'Ame o próximo'; 'Cresça espiritualmente.'"

Sim, aquelas palavras de Jesus haviam sido esclarecedoras: "Quem é minha mãe e quem são meus irmãos?".

Desde os tempos de católico, tinha firme convicção de que a família é a família humana. Somente por meio da integração entre a sociedade, por meio da solidariedade e fraternidade, obteríamos a união familiar.

Somos todos irmãos, acreditamos num único objetivo: a paz, o amor. Devemos nos amar. Devemos formar a família única, a família de Deus, pois Ele é o Criador.

Jesus, o Mestre sublime, mostrou-nos que a família é uma só e de todos. Que todos pertencemos ao mesmo núcleo, o de filhos do Pai.

Como poderia distinguir irmãos?

Como poderia dizer quem é minha mãe, se todos são irmãos, filhos do mesmo Pai?

Jesus havia sido mais uma vez sábio e sublime.

O Evangelho mostrava-me a diferença entre a parentela corporal e espiritual. O espírito de Santo Agostinho ditava-nos os dizeres de como amar os familiares do laço material e como devemos agir com os do laço espiritual.

O mesmo sangue, a cor de olhos e cabelos, o mesmo modo de falar, estatura, características físicas de beleza ou não, fazem parte do materialismo, que os encarnados são obrigados a aceitar.

A família é a família espiritual. É aquela que se abriga nos preceitos do amor ao próximo, da caridade abnegada, da amizade despretensiosa.

Vivamos pelo caminho da família universal, em que os laços de amor são eternos e indestrutíveis, pois a família física é apenas mais um bendito campo de trabalho, onde Deus, mais uma vez, oferece a oportunidade da redenção, para que não sejamos alvos de novos erros.

Agir corretamente com a parentela corporal é caminho à evolução, pois estes foram muitas vezes, no passado, nossos ofendidos. Perdoemos injúrias e traições, pois não sabemos o nosso comportamento do ontem. Aproveitemos, sim, a oportunidade do Pai para nossa evolução, evoluindo-nos e fazendo evoluir nossos familiares.

Ao mais, Jesus não veio nos trazer a discórdia, ou qualquer motivo para a ingratidão entre os familiares, somente mostrou-nos que a família é feita de todos, porque todos somos irmãos. Se são todos, a todos devemos amar, respeitar e dedicar atenção, ações e preces para que todos evoluam.

Eram sublimes as palavras do Mestre. Faziam-me compreender melhor o destino que traçaria: somente poderia ser global, o amor ao próximo, e não pessoal, materialista ou egoístico.

Voltaria eu à terra natal e comprometeria meus amigos, a instituição, minha mãe? Não estaria sendo um covarde e egoísta?

Retornaria ao exército e comprometeria a chance de poder evoluir espiritualmente e, quem sabe, ajudar o próximo?

As palavras de Cristo, meu coração, os dizeres de Petterson, Milakanova e meu pai, além da minha própria vontade, diziam-me: siga em frente, lute pela estrada da felicidade, escape do abismo das trevas, da prepotência ou ignorância daqueles que vêem o poder como uma arma mortífera e diabólica.

Levantei-me e fui ao encontro da dona Sabrina. Aproximei-me daquela adorável senhora assim dizendo:

— Dona Sabrina, decidi por aqui ficar. Quero aprender mais com todos, principalmente sobre o Espiritismo e o modo como vocês vivem. Quero adquirir conhecimento necessário para conseguir avistar os pássaros no céu não com a distância que nos separa, mas pela magnitude da sua vida, de seus vôos. Desejo ver o Mestre no alto da colina. Não olhá-Lo da planície, e sim como o aprendiz no começo do caminho para a escalada da montanha para a eterna felicidade. Muito espero aprender; gostaria de ver os opressores dos direitos dos homens encarnados, os mesquinhos pelos poderes inferiores e os gananciosos pela vingança e destruidores como irmãos, e desejar-lhes amor e paz. Não quero enxergá-los com o coração de dó, mas com piedade, indulgência e, principalmente, com caridade. Quero proporcionar-lhes afeto, palavras superiores, gestos edificantes, pensamentos frutíferos. Sei que primeiro devo aprender, crescer espiritualmente para isso praticar. Muito necessito de uma reforma íntima, não só para me trazer o dever de amar o próximo, pois isso sei que devo e às vezes faço; mas para compreender espiritualmente o que este é, porque só assim conseguirei melhor aplicá-lo, melhor dedicar-me a ele, e, com certeza, saberei a quem primeiro dirigi-lo. Necessito da reforma, para afastamento definitivo de toda e qualquer inferioridade. Não para me considerar puro ou perfeito, e sim para me tornar menos devedor do Pai. Sei que o muito que ainda posso vir a fazer somente me trará a permissão de um dia poder tornar-me feliz. Hoje, compreendo que estou na estrada certa, contudo, devo reparar os buracos deixados atrás. Ainda muito devo fazer para ganhar a confiança dos bons espíritos para que, no amanhã, as minhas novas ações, quando da nova encarnação, se tornem menos imperfeitas que as de ontem. Agora enxergo a estrela guia não com orgulho e contentamento, mas com humildade, felicidade e agradecimento a Deus por ter colocado em minha vida a religião, que não me fará tornar um anjo, mas irá despertar-me de minhas fraquezas.

Respirei fundo e prossegui:

— Saiba, senhora, que não fico por Milakanova, porém por ter certeza de que este é meu destino, o da evolução espiritual. E que nosso reencontro não é presente de Deus aos nossos corpos materiais, mas uma nova chance para minha alma poder evoluir e aprender com ela. Quero fazer deste novo encontro um feliz sonho, para podermos viver felizes a vida que só encontraremos no céu. Sei que aqui poderei muito amar o próximo, dedicando meus humildes conhecimentos, meus reais sentimentos, meus bons pensamentos e minhas preces repletas de fé no Pai. O destino, o Evangelho, minha intuição dizem para ficar, e meu coração clama por sua permissão.

E, após alguns segundos, voltei a dissertar:

— Não me farei exigente e aceitarei condições. Só peço ajuda e permissão para aprender a doutrina espírita. Trabalharei como todos e...

Dona Sabrina, nesse instante, interrompeu-me. Parecendo estar com os olhos úmidos, me disse:

— Filho, fique e aprenda. Sinta aqui a presença de Deus e escute Jesus. Se isso fizer, já me dou por satisfeita.

Agora foi ela quem me deixou com o olhar de choro, e meu coração em largos prantos, muito emocionado. Voltou-me a falar:

— Já sabia que iria ficar, Alexander.

— Recebeu a informação pelos espíritos por psicografia ou em sonho? – retruquei, curioso.

— Pelo seu olhar, por seu coração, por suas atitudes e pelo forte laço que une você a todos nós – respondeu a idosa senhora, docemente.

Disse-me ainda aquela humilde senhora que eu deveria ficar em repouso por mais uma semana, meditando sobre o assunto, preparando-me para assumir o cargo de trabalhador do bem. Falou-me para alimentar-me bem e que vigiasse meus pensamentos por meio de carinhosas preces. Ao mais, disciplinasse meu corpo aos horários da vila e freqüentasse os cursos espíritas básicos na ala de estudos. Disse-me que iria pedir a Milakanova que me apresentasse aos professores e alunos, a fim de que ficasse enturmado.

Comentou, também, com felicidade, sobre meus conceitos e ideais de reforma íntima. Alegrou-se por minha sábia decisão quanto ao reencontro com Milakanova e disse-me com estas palavras sobre o nosso sentimento:

— O amor verdadeiro, Alexander, não é aquele cultivado de fora para dentro, mas de dentro para fora. Não é aquele que se exterioriza materialmente, e sim o que se apresenta etéreo e transmite-se também em gestos e pensamentos. O amor sublime não é aquele que corre o risco de acabar ou se abala em qualquer tremor. É aquele que permanece infinito a todo o sempre, eternamente abençoado por Deus. Jesus ensinou-nos a amar, basta compreendê-lo e depois praticar. Os espíritos, uma vez unidos pelo desejo eterno e misericordioso do amor, unem-se para não mais se separarem com a eterna permissão do Pai.

E ainda, assim completou:

— Alexander, a felicidade, seu real sentido é eterno, prolongado, duradouro e infinito. Não acredite jamais ser ela momentânea, passageira nem faça dela apenas alguns minutos. Torne-a sua para sempre.

Uma semana se passou. Estava eu me sentindo forte, recuperado.

Os ferimentos cicatrizavam-se muito rapidamente com ajuda dos passes espirituais aliviadores de Milakanova. Tinha total e completa disposição para enfrentar e encarar o trabalho material. Antes disso, tive que ajudar a enterrar os soldados alemães mortos no acidente com o caminhão militar. Essa era minha tarefa.

O sr. Jhohanson me dissera que nenhum grupo de resgate, nenhum agrupamento militar, ou força alemã, havia por lá passado durante o tempo em que estive enfermo e em repouso. Também me disse que não havia nenhum sobrevivente, todos tinham falecido no momento do acidente, confirmando o que meu pai me falara em aparição no momento da catástrofe, o que era lamentável. Voltei a pensar:

Quantas mortes aconteceriam ainda nessa sangrenta guerra?

Quantos pais ficariam sem seus filhos?

Quantos filhos ficariam sem seus pais?

Quanta irracionalidade! Quanta indecência! Quanta dor!

A semana findava, e a tarefa de enterrar os alemães trouxe-me mais uma lição e aprendizado. Senti, no momento do sepultamento, por meio do sr. Jhohanson, a calorosa prece de amor e fé ao Pai.

Sim, apesar de muito saber e conhecer a esse respeito, pude aprender mais uma das formas de amor ao próximo.

Entendi perfeitamente, naqueles humildes dizeres daquele senhor, o quanto era ela fundamental na hora do desenlace.

Disse-me que os desencarnados em qualquer nível espiritual necessitam delas. Falou-me que a prece aos que partem em relação aos mais elevados é forma de agradecimento, e aos menos superiores formas de luz a iluminar seus novos caminhos.

O amor, falou-me o senhor que tanto já havia sofrido, por meio da oração gloriosa e carinhosa, é o que melhor podemos dar e oferecer aos que partem.

Cumprida a humilde tarefa com fé, voltamos à vila, e fui encaminhado a trocar algumas palavras com a dona Sabrina, pois ela iria explicar-me as minhas funções laborativas. E assim perguntou-me:

— Tem preferência por algum trabalho ou sujeita-se a todos?

— Qualquer um, desde que seja útil a minha evolução e contribua para o bem de todos – respondi sem vacilar.

— Muito bem, Alexander, então gostaria que se possível conseguisse auxiliar dentro de sua área, a engenharia. Será que consegue algum modo de nos ajudar por meio de sua profissão?

Estava eu muito feliz, e fiquei logo entusiasmado. Havia, desde quando cheguei, observado as precárias condições habitacionais e os simples sistemas hidráulicos da vila Fé, Amor e Prece.

Por isso, muito contente, respondi-lhe com sorriso largo:

— Claro! Já pensei em diversas maneiras de instalarmos sistemas de esgoto, tratamento de água e melhores condições para as moradias.

— Mas – retrucou a senhora –, consegue fazer isso com os equipamentos que possuímos?

— Sim. – Tornei a sorrir. – Desde pequeno acompanho meu pai em trabalhos comunitários por melhorias e construções de residências para os carentes. E, quando pela formação acadêmica, aprendemos diversas formas de atuar em locais de fácil e difícil acesso, em condições precárias ou não.

— Pois bem, pode então executar isso para nós. Precisa de algo?

— Sim, dona Sabrina. Necessito de serrotes, fitas métricas, sete fortes homens e um pequeno espaço coberto para prepararmos os moldes que extrairemos na maioria da peroba e canela, madeiras de excelentes qualidades na construção civil. Já percebi existir imensa quantidade delas dentro dessas imensas florestas.

Alegrou-se a dona Sabrina, e disse-me:

— Terá tudo o que me pediu pela manhã.

Nesse instante, combinamos os horários. Começaria a trabalhar às seis horas da manhã e terminaria a jornada laborativa às quinze, com uma hora para o almoço. Após esse horário, teria mais uma hora de descanso para higienizar-me. Das dezesseis até as vinte e uma, cursaria as palestras espíritas e reuniões, além dos trabalhos de passes. Pedi-lhe apenas mais algumas ferramentas e concordei com tudo, designando-me apto à tarefa que executaria com muito amor e apreço.

Acordei bem cedo e encontrei-me com o pessoal que iria auxiliar nas obras e reformas das casas num galpão fechado e coberto por um telhado de palha.

Fui cordialmente apresentando a todos e denominei o sr. Stuart, que me parecia ter maiores conhecimentos técnicos e experiência nessa área de trabalho, como meu ajudante, o que podemos chamar de mestre-de-obra.

Mostrei-lhe primeiro o projeto que gostaria de efetuar, traçado rapidamente durante a noite.

Num pequeno papel apresentei-lhes os principais pontos da obra, as etapas que iríamos conduzir e as dificuldades que iríamos encontrar.

Estavam todos animados, confiantes; e, quando disse-lhes "Então vamos, irmãos", fui bruscamente interrompido pelo sr. Stuart, que assim retrucou:

— Não antes de fazermos a oração matinal e pedirmos em prece ao Pai a proteção a estes singelos trabalhos materiais.

Fui novamente surpreendido por um ato de compaixão. Sabiam mesmo todos aqueles humildes habitantes daquela simples vila praticar o amor. Sim, a prece é uma das esferas do amor de Deus.

Cada vez mais surpreendiam-me o espírito. Desde que comecei a caminhada nessa guerra inescrupulosa, aprendi, por meio de sábios orientadores como o dr. Petterson, que a oração é forma de amor e o momento mais forte para falarmos com Deus.

Como a história mundial teria sido bem diferente se seus líderes a tivessem praticado!

Como a vida das populações que sofrem poderia ter sido menos dolorosa, se a prece tivesse feito parte de suas manhãs, noites e das horas difíceis!

Nós ainda perdemos tempo em ouvir instruções infrutíferas, mas não paramos para rezar nos momentos em que mais precisamos. Sabemos gritar na hora da dor, entretanto, quando sãos, não conseguimos murmurar algumas palavras superiores. Pedimos, e quando recebemos nem sequer agradecemos ao Pai. Reconhecemos fragilidades, injúrias, fraquezas e tendências inferiores, porém não pedimos em prece ao Maior a solução, ou o perdão, por nossas faltas. Mas, ao contrário, rogamos Sua justiça àqueles que nos ofendem e agridem. Vivamos pelo lado do bem. Usemos uma das armas do amor de Deus; façamos como Jesus e oremos por nós, pelo próximo, em todos os instantes e para todas as situações.

Estava feliz em ter aprendido nova lição, e o sr. Stuart orou a prece que Jesus nos ensinou a Deus nosso Pai.

Fomos ao trabalho e em poucos dias conseguimos alguns avanços. Alguns cortavam as madeiras, outros as preparavam por improvisado formão. Eu e o sr. Stuart efetuávamos o trabalho. Desde pequeno com meu pai aprendi, como muitos dizem, a "pegar no pesado", e por isso não foi difícil me acostumar.

Após algum tempo de labor intenso, havíamos reformado os principais telhados, de modo a fortificá-los; instalamos portas nas entradas das residências; construímos mais algumas moradias; reformamos bancos para que as pessoas se reunissem com melhor comodidade nas assembléias e palestras, culturais e espíritas; e fizemos um improvisado, mas muito útil, sistema hidráulico, onde construímos sanitários públicos, um ao lado de cada residência, todos com sistema de esgoto simples, isto é, necessitário de manutenção e reformas, mas que funcionava.

Tudo foi feito com muito amor, caridade e dedicação; e ao final da atividade laborativa diária fazia minha oração de agradecimento a Deus, com fervor e certeza de parte do dever cumprido.

Também consegui trocar algumas experiências importantes com poucos moradores da comunidade. Algumas delas, bastante corriqueiras. No entanto, outras promissoras, que trouxeram fabulosa contribuição ao meu aperfeiçoamento moral e conhecimentos sobre a doutrina espírita. Todo dia que passava, mais e mais certeza tinha de que Deus preparara um banquete de oportunidades em minha vida. Durante essa guerra, pude notar que as coincidências não existem, são atos e fatos preparados pela espiritualidade superior, a mando de Deus, com fulcro a colocar-nos na estrada certa a seguirmos. Essa trilha, assim percebi, visita-nos em vários momentos durante nossa vida, dando-nos a chance de caminharmos na seara do bem. As antológicas "coincidências" são apenas mais algumas chances recebidas dos céus. E, dessa maneira, não foi diferente com o sr. Kolonosvk, habitante da vila, personagem de um dos meus sonhos com Milakanova, o senhor de barbas grandes e cabelos brancos que me deu uma lição em russo para que eu não matasse ninguém na guerra, além de predicar-me sobre a justiça da lei da reencarnação.

Falou-me, também, sobre o preceito cristão de que todos somos irmãos. O sr. Kolonosvk havia sofrido situação similar a minha, na época da Revolução Russa. Foi ele perseguido e juntou-se à vila Fé, Amor e Prece quase desde o começo. Lembro-me muito bem do diálogo que troquei com esse homem. Foi curto, porém comoveu e ainda comove meu coração. Procurarei reproduzir suas palavras de maneira sucinta e o mais precisa possível. Pois, então, assim aludiu Kolonosvk, em tarde morna, após meu dia de trabalho:

— Como vê, Alexander, temos história similar.

— Não. Não, sr. Kolonosvk, acredito ser a sua ainda mais terrível.

— Caro amigo, é impossível criar um aparelho que meça o tamanho da dor que sentimos.

Findo pequeno intervalo para rápido suspiro, continuou o homem de cabelos grisalhos:

— Ela tem sua proporção na medida de fé de cada um. Não será maior do que a cruz que o ser humano, sofredor, possa suportar, já nos dizia Jesus. com Ele, aprendemos que Deus não coloca fardos pesados em ombros fracos. A dor distingue-se de indivíduo a indivíduo. Apresenta-se em vários modelos, formas e espécies. Temos a dor física, a dor do coração, a da perda de entes queridos, do remorso, da culpa... Todas elas são dores. Cada um que a sente deve ser respeitado. Independentemente de ela ser de fácil superação para um, de difícil para outro.

Neste ínterim, interrompi-o, obtemperando a questão em pauta:

— Corrija-me se eu estiver errado. Quer dizer com isso que uma pessoa padecente de dor renal pode estar sofrendo menos que outra, por exemplo, que perdeu seus pais?

— Não, Alexander. Digo-lhe apenas que uma dor específica para uma pessoa pode se tornar pesadíssima, ao passo que a mesma dor pode ter sido superada por outro ser humano com extrema facilidade. As dificuldades são colocadas em nossos caminhos para burilamento d'alma; por isso, a mesma dor pode ser superada com mais facilidade por uma pessoa do que por outra. Estamos aqui, diante do instituto da evolução espiritual e da necessidade das provas às nossas existências. A dor renal que você citou é dor. Uns podem superá-la mais facilmente que outros. Assim como os outros podem superar com facilidade a dor da perda de entes queridos do que os primeiros. Tudo vai depender da necessidade de provas a ser superadas na encarnação atual. A experiência de outras vidas. O grau evolutivo de cada um.

O senhor de barba era sábio e bondoso. Acredito, sim, que sua dor foi maior que a minha. Pois vejam, quando me relatou sua história, tirando suas próprias conclusões:

— Então o senhor perdeu todas as suas propriedades? – perguntei-lhe enquanto narrava seus fatos da vida.

— Não só a propriedade, todavia, toda minha família.

Estava chocado. Porém, continuou aquele cristão sem esmorecer, balbuciar nem derramar uma lágrima.

— A Revolução Russa foi sangrenta. Todos aqueles contrários a seu sistema, ou perderam as vidas, ou as terras, ou os bens pessoais, ou pior: suas mulheres, filhos e pais. Com objetivo enganoso de trazer a distribuição de renda, que não existiu, seus líderes se juntaram ao povo sedento e faminto, e com ele proclamaram o período de trevas na Rússia, agora União Soviética. Aniquilaram os líderes políticos. Mataram os proprietários rurais e suas famílias. Esquartejaram aqueles contrários ao regime. Tudo em nome da distribuição de renda. Depois do feito, implantaram seu regime de governo, o comunismo. Quando o povo que os apoiou quis receber seu quinhão pela participação na revolução, muitos também foram mortos, e outros receberam "não" como resposta. Somente os mais sadios, inteligentes e fortes é que foram contemplados pelos revolucionários. Enquanto a maioria do povo continuava a padecer da fome e sede, esses poucos outros receberam terras e cargos no novo regime de governo. Assim, me responda se puder; eu era contra o nosso sistema político, proprietário de algumas terras, considerado um burguês, com mulher e dois filhos. O que imagina ter acontecido?!

Antes que eu respondesse, o sr. Kolonosvk voltou a argüir:

— Mataram minha esposa, não antes de a violentarem moralmente. Na minha frente cortaram a cabeça dos meus dois filhos, o mais velho, de dezesseis anos, e o mais novo, de treze anos. Levaram-me preso com pretexto de que seria útil a eles. Acreditavam que iria delatar meus companheiros fiéis ao regime do czar. Pensavam que, por ser ligado ao antigo regime, conhecia o local onde guardavam o ouro do governo. Eu ignorava onde ficava escondido o lastro do antigo regime. Por isso, após dois anos de torturas e sofrimentos, jogaram-me numa vala, cobrindo-me com neve. Pouco menos de dez minutos depois, evadiram-se o local. Em seguida, passou por ali a dona Sabrina.

— Conseguiu gritar e pedir por socorro? – questionei aquele senhor de barbas longas e cabelos grisalhos, interrompendo-o.

— Não conseguia sequer respirar. Estava fraco e entrando em estado de hipotermia.

Nesse entretempo, tornei a interrompê-lo, desferindo-lhe nova inquirição:

— Se o senhor não vociferou, como conseguiu salvar-se? Será que estou vendo e conversando com um espírito?

Ele achou graça.

— Não seja cômico, Alexander. Anda assustado, preocupado e confuso ainda com as noções sobre o Espiritismo. Tem muito o que aprender sobre sua vidência. Não muito distante, distinguirá se está vendo um encarnado ou um desencarnado. Assim esperamos. No entanto, foi por intermédio da mediunidade da dona Sabrina que me descobriram e salvaram minha vida. Desenterraram-me e cobriram-me com cobertas, para aquecer-me. Os bons espíritos chamaram a atenção da nobre médium, alertando para onde eu estava enterrado quando por lá ela passava. Depois de aquecer-me, deram-me alimento e abrigo na vila. Mais tarde, reconfortaram-me com a santa doutrina espírita. Eu era católico. Contudo, senão fosse pela lei da reencarnação, jamais entenderia o que aconteceu com minha família e minha vida como justiça de Deus.

Novamente havia recebido mais instruções ao meu espírito tão carente das verdades de Deus. O poder do Pai nos orienta, e não nos fere. Nos encaminha, e não nos castiga. Deus nos faz enxergar a luz para cumprirmos com amor nossos deveres. Muitas vezes, para enxergarmos essa luz, precisamos ser acometidos por dores várias. Assim, o sofrimento de Kolonosvk colocou-lhe na estrada certa. E, com certeza, proporcionou-lhe resgate de dívidas pretéritas. A vida daquele homem era um exemplo.

Queridos filhos, pelo exemplo podemos recondicionar atitudes dos irmãos de jornada. Por isso, em nossas ações, devemos mostrar compaixão. Escutar do verdugo ao douto. Obedecer às leis de amor e caridade. Seguir as humildes retas e sublimes lições de Cristo como exemplo mais vivo da perseverança e fé no Criador.

XV

Culto de Evangelho no Lar

Realmente o trabalho enobrece, acalenta a alma. Incita o cansaço, mas afasta os maus pensamentos. Toma-nos tempo, poupando-nos de tempos que poderíamos perder. Sufoca palavras, contudo, auxilia-nos muitas vezes em não falarmos as palavras do prejuízo, do prejuízo à alma. Suja e faz suar os corpos, ainda assim lava a alma. Busca a verdade quando efetuado na trilha da boa vontade, do amor e desapego material. Constrói. Eleva a alma ao Monte Sagrado quando revertido ao próximo. Evolui a tecnologia. Agrada ao coração quando nele resplandece a caridade abnegada.

Quantas vezes pode nos trazer a felicidade se, em vez de criticarmos ou perjurarmos, praticarmos o labor da complacência ao carente espiritual?

Jesus pouco viveu, contudo, muito trabalhou para a humanidade. O Mestre laborou para que os homens conseguis-

sem enxergar o caminho para a eterna felicidade. Sua atitude laborativa foi e é eterna. Sempre será sublime. Perpetua-se em campos, desertos, indústrias, escritórios e outros, desde que nestes os seus dizeres, isto é, as leis eternas do Pai se façam valer. Cristo trabalhou por nós, a fim de apaziguarmos nossas dores, diminuirmos nossas aflições, sangrarmos lágrimas de amor, limparmos nossos corações, agirmos com paciência e fé em relação aos desígnios do Pai.

Feliz aquele que sabe orar e trabalhar na senda do bem; jubiloso aquele que serve a Deus e se compraz de ser o "trabalhador da última hora", o operário que tudo enfrenta pelo Maior e sabe que os derradeiros serão os primeiros.

O trabalho tonteava-me de alegria. Sentia-me homem um pouco mais completo. Revertia aos céus os agradecimentos dos humildes trabalhadores daquela santa vila. A cada sorriso ou abraço sentia o toque em meu coração dos dizeres de Jesus: "Siga, filho". A cada criancinha que me agradecia, ouvia o som das trombetas dos anjos me dizendo: "Firmeza na jornada, Alexander"; quando do agradecimento de Milakanova, pude conhecer o som e o amor das harpas estonteantes das luzes dos céus pela forma dos anjos do Pai enternecerem meu corpo, meu coração, minha alma.

Sem dúvida, aquilo era mais uma oportunidade que Deus me dava para poder reparar meus erros do pretérito. Tentava corresponder a essa chance, sei que com pouca perfeição, mas com muito amor ao próximo.

Os elogios destinados a minha pessoa voltava-os em voz bem clara a Deus primeiro, depois a todos eles e aos muitos outros, como meu pai, mãe, minhas crianças, amigos, o dr. Petterson, Roboels e tantos que me fizeram crescer não materialmente, e sim em espírito.

Sem dúvida, entendia agora um pouco mais sobre amor, caridade e fé. A abnegação e o devotamento em nome de sublimes obras só fazem o homem sentir-se satisfeito, e o espírito, um pouco mais aliviado.

Encontrei-me nesse mesmo dia, decorrido um mês dos últimos acontecimentos, com Milakanova. Acabáramos de receber notícias tristes sobre a guerra.

O inverno apontava, e os alemães começavam a atacar os grandes centros com intensidade, mais bombardeios, por terra, ar, mar ...

Nossa evolução dirigia-se a outro sentido. Preocupavamo-nos com as populações, as crianças, as destruições, a fome; em especial, atinávamos com as necessidades da alma.

Buscávamos um meio nas orações, pelos trabalhos de irradiações, pelas vibrações mais salutares, para aqueles que ficavam e sofriam, para os que iam e partiam com medo e dor, e para os desenfreados governantes assumirem a paz de Deus em seus corações.

Durante todo aquele mês, dediquei-me a fortes estudos espíritas.

Tomei com seriedade as lições espíritas passadas a mim pela dona Sabrina, a dona Geórgia, o sr. Jhohanson, a companheira querida, Milakanova.

Tinha lido e estudado em pouco tempo os principais pontos dos mais importantes livros do codificador Kardec.

As palestras de Geórgia faziam-se claras e esclareciam-me quaisquer dúvidas, assim como as conversações com Sabrina, Milakanova e Jhohanson.

Participara de todos os trabalhos como assistente indireto na irradiação, nos passes, nas reuniões espíritas, nas palestras, e meu conhecimento espírita mostrava-se forte. Não completo, pois somente completaremos nossos conhecimentos sobre a espiritualidade quando praticamos por total o cristianismo. Também percebera que minha condição de médium vidente alastrava-se muito, devido ao sublime trabalho de desenvolvimento mediúnico.

Então, em conversação noturna durante um passeio romântico com Milakanova, perguntei-lhe:

— Imagino, querida, que meus conhecimentos sobre a doutrina alastraram-se facilmente por ter eu já os ter vivido em outra vida, ou tê-los em plena situação de espírito, assim como conseguia falar russo. Isso é correto?

A lua, naquela noite fresca, fazia-se brilhar no rosto delicado daquela bela jovem e, respondendo por intermédio de mútuas trocas energéticas, as quais nos acostumamos a fazer, falou-me:

— Sim, Alexander. As impressões, muitas vezes as anteriores, as passadas, aquelas que vivemos no pretérito, ou guardamos em nossos espíritos, quando no aperfeiçoamento na Casa do Pai a nós destinada, mostram-se, ou apresentam-se, no hoje. Essas impressões são gravadas e armazenadas em nosso espírito, que é fonte suprema de informações. Nós as demonstramos quando possuímos um grau espiritual mais elevado, ou quando da justa permissão do Pai. Lembremos que essas impressões podem ser as boas ou as ruins; as instrutivas ou involutivas; as do amor ou guerra; felicidade ou dor. Todos de certo modo as utilizam. Ainda assim, o grande problema é que na maioria das pessoas as impressões mais utilizadas são aquelas que nos levam à torpeza ou à inferioridade dos pensamentos. Poucos produzem e espalham as sensações do bem, da verdade, e, mesmo dentre esses poucos, muitos também utilizam as sensações das paixões inferiores. Sim, querido Alexander, o homem progride lentamente, mas tão lentamente que se fôssemos formigas morreríamos antes dos invernos, pois são raros os que armazenam os alimentos para a sobrevivência, a sobrevivência da alma. São tão infrutíferos os pensamentos dos homens que se não fossem os bons espíritos e o sopro divino de tempos em tempos a varrer e lavar o mal implantado pelos desvios humanos em seus pensares na atmosfera, todos já haveriam sufocado na dor das trevas.

Novamente estava impressionado. Não podia deixar de concordar com as afirmações muito verdadeiras.

Foi quando Milakanova surpreendeu-me com um convite inesperado.

Dona Sabrina havia lhe dito que me chamasse para participar no dia vindouro da reunião de Evangelho no lar, em sua residência. Fiquei emocionado e aceitei sem hesitar, pois estava sabendo que poucos eram os que participavam, e mesmo dentre aqueles que freqüentavam havia um rodízio permanente. O culto no lar espírita da dona Sabrina abrigava mensagens seriíssimas, reveladoras e de suma importância. Por isso, só participavam os mais dedicados, abnegados e mais desenvolvidos espiritualmente. Requeria aquele culto muita concentração.

Fui dormir pensando no convite de Milakanova. Participar da reunião de Evangelho no lar na casa da dona Sabrina era uma grande prova de confiança. Não me julgava satisfeito ainda sobre meus conhecimentos espíritas, mas posso dizer que já conseguia compreender os trabalhos realizados na vila. Faltava-me apenas – o que era talvez o mais difícil – enxergar a profundidade deles, entendê-los em sua íntegra complexidade.

Antes de dormir, voltei a rezar por minha mãe, por todas as crianças da instituição e todos os meus amigos. A saudade deles apertava-me o coração. Passava por saudades temporárias, mas ganhava conhecimentos e felicidade íntima que se perpetuariam por toda a eternidade.

Por isso, era extremamente grato ao Pai.

A noite chegou ao fim, e o dia laborativo foi pesado. A colheita da soja e do algodão aproximava-se, e por tal motivo, o trabalho aumentava para todos.

Preparei-me como um espírita para a reunião noturna que iniciava-se às vinte horas. Das dezesseis às dezessete, descansei, higienizeime e comi algo. Após, procurei ater-me em prece, meditação e leitura. Observava alguns trechos do Evangelho cristão, e não conseguia deixar de notar que os apóstolos do Mestre eram completamente devotados à causa de retransmitir seus dizeres. Usavam do corpo, da mente e da alma o refratário que expandiria a luz aos necessitados da palavra superior. Por isso, concentravam-se, meditavam e trabalhavam com fé, só para Deus.

Assim, como iniciante no Espiritismo, eu procurava tentar ser um cristão.

Todos nós passamos por conhecimentos religiosos. Os incréus de ontem são os pregadores do hoje. Os incrédulos do agora serão os oradores da palavra de Deus no futuro. O que poucos sabem é que todos, independentemente da religião praticada, apenas procuram compreendê-la. Devem também praticá-la. Aqueles seguidores do Cristo devem pretender ser cristãos. O espírita pode ser um bom espírita, conhecedor dos preceitos de sua doutrina, mas deve ser um cristão. Deve pregar por meio da caridade, do suor e das duras pegadas as verdades de Deus. Quem fala do Pai tem que falar o que Jesus nos ensinou. Quem almeja o céu tem que caminhar pelas trilhas de Nosso Senhor. Não basta apenas entender o Espiritismo, discursá-lo ou até ministrá-lo. É necessário praticá-lo como cristão. Os tempos passaram, o mundo evoluiu tecnologicamente, mas Deus ainda precisa de muitos apóstolos devotados para ensinar e efetuar Suas determinações. Não deixemos a marcha caridosa de muitos cristãos, como Paulo, no esquecimento. Abracemos o desapego material e agarremos as verdades do Pai por meio das palavras de Cristo, transmitindo-as desde já a todos os que estão próximos e até aos muito longínquos.

Não esqueçam, espíritas, que o pensamento e a prece são meios de transporte de fluidos. Façam desses fluidos as boas vibrações cristãs. Poucos usam e muito poucos espíritas atuam ainda hoje com seriedade e executam certamente um trabalho de irradiação. O passe, a prece, a água fluidificada são alguns meios da transmissão de energias de luz, mas a irradiação talvez, se bem efetuada e corretamente praticada, seja o mais eficaz meio de aconchego e salvação espiritual.

Adentrei a casa da boa senhora dedicada em transmitir amor ao próximo. Era esforçada, falava com carinho e sempre tinha palavras de Jesus em seus dizeres, pensares ou coração. Era realmente uma praticante do cristianismo.

Recebeu-me com afabilidade e mostrou-me o local para sentar.

Estava dentro do terceiro cômodo da casa da dona Sabrina. A reunião efetuava-se em sala grande. No meio, havia uma mesa com vinte cadeiras. Em volta das cadeiras estavam sete fileiras em bancos de madeira, onde cabiam mais ou menos quarenta pessoas, das quais eu fazia parte.

Não pude deixar de reparar no local, pois, além da disposição física, consegui sentir grande força energética, a qual parecia aliviar-nos as tensões de guerra. Além, é claro, de fortalecer-nos a concentração espiritual.

Logo ao me sentar visualizei espiritualmente vários trabalhadores do outro plano, isto é, do mundo dos espíritos.

Preparavam-se eles com máquinas e aparelhos que eu desconhecia.

Consegui notar que desses aparelhos vertiam imagens e cores energéticas, e alguns armazenavam em diversos tubos fumaça branca condensada como o gelo quando do desprendimento de seus gases.

Notei também que havia à esquerda, onde sentaria a dona Sabrina, uma grande tela.

No banco onde estava sentado, percebi que várias entidades infelizes ali permaneciam. Estava chocado e abismado, quando fui surpreendido por uma visita espiritual estranha. Apareceu-me à frente um homem sério, com vestes alinhadas, ao transparecer com um casaco azul similar a um longo sobretudo ou capa.

Ele sorriu quando notou que eu o via, e me disse:

— Gostando da sensação de enxergar e ouvir o outro mundo?

Não estava acreditando no que acabara de ouvir. Sabia já, por intermédio de Milakanova, que era médium vidente, que podia também escutar os espíritos. O que ignorava era que também podia conversar com eles.

Foi então que ele continuou:

— As novidades muitas vezes trazem perplexidades. Não se esqueça, Alexander, de que deve você agir com calma e conversar comigo, pois sabe que esta é mais uma oportunidade do Pai, a fim de você poder agir em benefício do próximo.

— Sim – respondi com firmeza –, quero e desejo muito colaborar nos trabalhos, sabendo ser essa uma nova chance de Deus para que me redima de erros do passado.

— Muito bem, filho – disse aquele senhor simpático –, apresento-me por ora como seu mentor espiritual, como o espírito que, com a permissão de Deus, procura auxiliá-lo e protegê-lo em todos os momentos. Venho por meio de sua visão e audição espiritual conversar contigo e passar-lhe algumas informações sobre o trabalho de culto do Evangelho no lar e sobre as reuniões espíritas, que serão úteis para você poder ajudar o próximo, não só hoje ou amanhã, mas sempre. Passo-lhe algumas informações úteis para que retransmita aos irmãos de jornada. Saiba também que esses mesmos dados serão por você usados em futuro breve, do qual ainda nem imagina. Poderá usufruir deles e transmitir suas organizações e formas, no futuro, para muitos encarnados.

Após alguns segundos de pausa, continuou e levou de mim toda atenção, vontade e preparo que possuía até aquele momento. Era enorme a minha vontade de aprender e ofertar conhecimentos e carinhosos aprendizados aos irmãos de jornada.

Mostrou-me ele a importância da reunião espírita, tanto a pública como a do lar.

Disse-me que a aparelhagem utilizada era necessária para algumas condições: limpeza das partículas negativas do ambiente, ou seja, remoção das energias inferiores do pensamento dos encarnados; alguns aparelhos serviam para filtração do ar atmosférico para todos que os quisessem poder aspirar o ar puro e retificador de qualquer vibração inferior; outros serviam de armazenagem de energias, isto é, fluidos salutares, de onde os espíritos trabalhadores tiravam bons fluidos animalizados daqueles que podiam doar e guardavam-nos naqueles aparelhos para combinar-se com os fluidos espirituais a serem utilizados na hora do passe.

Outros aparelhos serviam para limpeza das vibrações inferiores de muitos desencarnados. Assim como a tela servia de meio de retransmissão da reunião somente das partes produtivas aos desencarnados e sofredores, pois muitos desencarnados não conseguiam nos visualizar.

A reunião é gravada e automaticamente repassada aos desencarnados, juntamente com o auxílio de espíritos que palestravam os mesmos assuntos e outros úteis a eles.

Havia os aparelhos de purificação das substâncias materiais do próprio recinto. Eram espécies de aspiradores que alguns servidores do bem passavam nos bancos, telhado, nas portas, janelas, paredes, absorvendo da matéria condensada as impurezas, sorvendo-lhe manchas escuras e aplicando com outra mangueira fluidos salutares. Disse-me aquele gentil senhor, meu anjo da guarda, que as substâncias inferiores eram engolfadas pela primeira mangueira, retransformadas em matéria pura, do bem, e pela segunda, retransmitidas aos glóbulos materiais do recinto.

Existiam também alguns aparelhos que seriam encaixados nas cabeças dos médiuns da reunião, aqueles que se sentavam à mesa. Eram uma espécie de capacetes fluídicos de cor verde-amarelada.

Serviam para limpeza dos médiuns, a fim de que absorvessem melhor as intuições dos espíritos. Eram utilizados no começo dos trabalhos, e logo em seguida, retirados. Por isso, disse-me meu mentor que o médium, ao sentar-se à mesa, não deve mais se levantar. Caso isso faça, será necessária a repetição do procedimento.

Mostrou-me também uma corrente elétrica, isto é, um aparelho similar a fios de eletricidade que se ligavam por todos aqueles que participavam do trabalho. Na posição de cada pessoa existia uma luzinha, e falou-me ele que, se acesas, as vibrações do encarnado eram salutares, eram satisfatórias; mas, se apagadas, eram perniciosas. Nesses casos, a corrente em relação àquela pessoa era isolada e um outro aparelho, dirigido por dois outros servidores espirituais, entrava em ação, anulando-lhes toda e qualquer participação na reunião. Disse-me que existem muitos que adentram a casa espírita com despropósitos de amor e caridade ao próximo, trazendo adentro os pensamentos inferiores, as paixões más, as fraquezas do ser, a escuridão das trevas, e por isso eram isolados. Contudo, não deixam de receber a colaboração do Pai.

Contou-me que o trabalho numa reunião era muito complexo e abrangia mais os desencarnados que encarnados, pois estes, em sua maioria, pouco aproveitam de uma reunião, e às vezes o pouco aproveitado era desperdiçado logo na saída.

Falou-me das cores e da luz que eu via e que se mostravam em diversas formas energéticas. E assim fez última ilação:

— Por ora, aprendeu o suficiente, Alexander. Deve agora escutar e compreender a reunião de Evangelho no lar. Fique com Deus, filho.

Agradeci por sua presença e orei para que o Maior pudesse me conceder a oportunidade de haurir o maior número de conhecimentos e energias boas possível naquela humilde reunião. Roguei-Lhe, também, que de meus pensares fosse afastada toda e qualquer tendência inferior.

XVI

Mensagem espiritual

Foram pouco a pouco todos se acomodando em seus assentos predispostos, e a reunião começou pontualmente no horário aprazado.

Pude antes, ainda, notar a presença de alguns irmãos desencarnados em condições inferiores.

Em sua maioria, eram soldados desencarnados por causa da guerra.

Faziam-se presentes tantos os militares alemães como soviéticos.

Espantava-me o fato de eles não se ofenderem ou quererem lutar uns com os outros, mas sim permanecerem inertes, só esperando o momento do início dos trabalhos. Com certeza, estariam à procura do alimento para suas almas. Decerto deixaram a guerra para trás. Não compreendiam as condições da vida que ora habitavam. Não pareciam rudes nem perversos, e sim deslocados, perplexos, espantados; não conseguiam assimilar suas novas vestimentas, sua nova vida. Não deveriam crer na imortalidade da alma, e estavam muito abatidos, esperando a oportunidade do esclarecimento espiritual que os fizesse se conformar, apaziguar suas dores. Precisavam compreender que a vida, após a morte terrestre, continua e que eles fizeram apenas uma viagem. Necessitavam, sim, do remédio para a alma. Precisavam do conhecimento espírita para trilhar suas novas jornadas.

Havia alguns, revoltados, separados em pequenas "jaulas de ferro". Pareciam eles querer se vingar dos inimigos; nem mortos suspendiam a guerra, nem assim levantavam a bandeira branca da paz em súplica a Deus.

Encontravam-se ali outros espíritos que não eram de soldados. Minha maior perplexidade foi perceber que a comunidade de desencarnados era quatro vezes maior que a assembléia assistente de encarnados.

Fui cordialmente cumprimentado por todos, e com muito carinho por Milakanova, que se sentava junto à mesa.

E, em poucos segundos, a presidente dos trabalhos espirituais, a dona Sabrina, os abriu em comovida prece:

Mestre Jesus,

Clareai-nos o caminho
Em noites escuras
Dai-nos o abrigo
Perante as grandes tempestades;
Fazei-nos, Senhor, compreender
Vossos ensinos de amor
Para com amor superarmos esta guerra;

Vesti-nos da paz
Pelos sons dos anjos celestes
Mas abre-nos o coração
Às verdades e justiças;

Aliviai os aflitos
Que caem no abismo do engano
Pois são almas pequenas
Que choram em muitos prantos;

Dai-lhes, Cristo,
O consolo, a paz,
Retirai-os do poder
Pois o operam com horror tamanho;

Que brilhe para eles a caridade
Ensinai a eles sobre Deus
Mostrai seu erro
Dominai seus pensamentos;

Querido Senhor,
Fazei-os saber que o Pai os ama
Que os irmãos são todos
Que os que sofrem reclamam
E que a chama do mal os mancha;

Senhor, salvai-os,
São os prepotentes sem dó
Entretanto, sofrem em dor
Pois seus corações clamam por mais amor;

São Vossos tutelados pequenos
Os pobres da verdade
Os que pregam a inverdade
Andam pelo ódio
Falam pela impiedade
Mas um dia, Mestre, serão os pobres de espírito;

Senhor, salvai-os da guerra
Da interna e externa

Que só os confunde
Que só os atenta
E que só os levará ao atascadeiro das trevas;
Mas, Senhor Jesus,
Fazei de nós os operários do Pai
Que mesmo na dor transmitamos Vossa palavra.
Que mesmo em meio ao pranto derramemos a fé e o amor;

Contudo, Cristo,
Não nos deixai perder esta luz
Pois queremos sempre acender o archote
Do Vosso amor e benevolência;

Filho amado do Pai,
Acalenta-nos com força
Com Vossa vontade e perseverança
Para que ao menos em parte a dor desapareça
A iniqüidade seja aniquilada
E o pranto seja por felicidade;

Conceda-nos o orgulho
Do trabalho maior de servirmos ao Pai
Com amor e piedade
Benevolência e caridade;
Que as florestas do Maior
Não se queimem pela ignorância do homem
Que o sol do Criador
Não se apague por meio da destruição bélica
Que a lua acenda a consciência humana
E faça os governantes cessar tanta ignorância;

Mestre Jesus,
Pedi ao Pai por nós
Mais tempo, mais piedade

Para que toda Sua misericórdia
Não se apague nos desvarios da discórdia;

Pedi por nós nosso perdão
Somos almas frágeis
Mas Vos rogamos o clarão,
O qual nos fará mais fortes a tanto turbilhão;

Queremos, Senhor,
Seguir Vossos passos
Guiar os cegos
Acalmar os aflitos
Abrigar os necessitados;

Desejamos, Senhor,
Andar na senda do bem
Remediar o doente
Transmitir a palavra amiga e reconfortante;

Mas, Jesus,
Admitimos nossa inferioridade
Somos almas pequenas
Gostamos de praticar a caridade;

Por isso, faça-nos, Senhor, Vossa vontade,
Vossa paz, Vossa justiça, Vosso amor, Vossa moral,
Mas orientai-nos a sermos
A verdade ante as trevas
A luz ante a sombra
A justiça ante a iniqüidade
O bom fruto da semente plantada por Deus

Somos Seus eternos aprendizes
Somos os eternos devedores do Maior

Mas queremos ser a luz
Que um dia brilhará no alto e dirá em voz firme e agradecida:
— Obrigado, meu Pai.

A comovente prece da dona Sabrina havia me deixado com lágrimas nos olhos.

Pude perceber que estas rolavam em algumas faces, como as de Milakanova e outros encarnados, bem como de vários desencarnados, inclusive alguns muito rudes, os quais estavam aprisionados.

No instante do término da prece, pude ver com minha vidência que uma forte luz era despejada do mais alto sobre nós. Em todos os desencarnados e naqueles que choravam pareciam acender em suas cabeças pequena iluminação esverdeada. Vim a saber de meu anjo protetor que essas luzes significavam estar esses espíritos aptos a receber o encaminhamento aos controles e departamentos de retificação espiritual, ou hospitais de refazimento da colônia da qual faziam parte.

Soube também que eles puderam receber essa oportunidade por terem em seus corações o arrependimento.

Passou a dona Sabrina logo a seguir à abertura de *O Evangelho Segundo o Espiritismo*, onde caiu a lição do capítulo VIII, "Bem-aventurados os que têm puro o coração", mais precisamente na instrução do espírito de Vianney, cura d'Ars, que se intitulava "Bem-aventurados os que têm fechados os olhos".

Sublime, sábia e clamorosa lição de amor, humildade e redenção espiritual. Aquele enviado de Deus nos mostrava com clareza de palavras e singeleza de coração, mas muita fé no Pai, que feliz era aquele que tinha os olhos fechados à crueldade e às fraquezas. Exemplificando, que se os olhos tivessem abertos, fossem usados para enxergar os ensinos do Mestre; mas, caso fosse para verem o mal, o orgulho, a vaidade e o egoísmo, preferível seria que os tivesse fechados, como os dos cegos. Pois estes podem ver com a alma e aproximarem-se do céu. Espírito de muita compreensão e sabedoria, disse a nós que muito melhor seria pedirmos ao Pai primeiro que curasse nossas enfermidades d'alma e depois as do corpo, mostrando-nos a importância da benevolência e do bem.

Após essas ilustres palavras espirituais, os trabalhos continuaram, com os comentários ordenados da lição sorteada. Primeiro falou a dona Sabrina, e depois Jhohanson, e um outro senhor de que eu não sabia o nome. Findos os trabalhos, começaram os trabalhos psicográficos. Transmito-lhes aqui a psicografia da dona Sabrina feita pelo Irmão Marcus, membro do Grupo Fé, Amor e Prece, que comentou a seguinte parábola de Jesus:

"E estando assentado no Monte das Oliveiras, chegaram-se a ele os seus discípulos em particular, dizendo: 'Dize-nos, quando serão essas coisas, e que sinal haverá da tua vinda e do fim do mundo?'

E Jesus, respondendo, disse-lhes: 'Acautelai-vos, que ninguém vos engane; porque muitos virão em meu nome, dizendo: Eu sou o Cristo; e enganarão a muitos.

E ouvireis de guerras e de rumores de guerras; olhai, não vos assusteis, porque é mister que isso tudo aconteça, mas ainda não é o fim.

Porquanto se levantará nação contra nação, reino contra reino, e haverá fomes, e pestes, e terremotos, em vários lugares.

Mas todas estas coisas são o princípio de dores.

Então vos hão de entregar para serdes atormentados, e matar-vos-ão; e sereis odiados de todas as gentes por causa de meu nome.

Nesse tempo muitos serão escandalizados, e trair-se-ão uns aos outros, e uns aos outros se aborrecerão'". (S. Mateus, Cap. XXIV, vv. 3 a 10)

O Fim do Mundo

JESUS MOSTRA, nestes humildes dizeres, que o homem há muito preocupa-se com o fim do mundo. Há muito estampa em olhares e gestos o angustioso desejo de descobrir quando, onde e qual será o fim dos tempos. Questionam e desculpam-se dizendo: "Só Deus sabe".

Vertem-se pelos caminhos das guerras.

Olham pelo olhar da indiferença.

Gritam com palavras de poder.

Gesticulam com ar de superioridade.

Dominam pela submissão os fracos, os tristes, os que precisam de ajuda.

Respondem ofensas com muitas pedras.

Atacam os inofensivos com a mentira e difamação.

Injuriam casas e lares; famílias e casais; homens e mulheres.

Andam com as pernas da firmeza de quem quer abraçar a ganância e a riqueza.

Não distribuem, mas acumulam.

Não orientam, mas tentam desvirtuar.

Não acreditam no bem, mas procuram fazer aqueles que crêem se perder em pestes de dor e ódio.

Rendem-se à dor, porém, muitas vezes, procuram curá-la com os remédios materiais.

Avistam o ouro, a cobiça. Matam-se pelo material. Combatem por capricho. Usam das terras para plantar discórdia, e não as dividem com os que nada têm; entretanto, adquirem mais e mais lotes das belas porções do amor de Deus aos homens.

Uns abrigam-se em grandes telhados, enquanto outros não possuem sequer a proteção da árvore cortada, para que aquele possa ainda mais aumentar seu patrimônio.

Uns comem de tudo, enquanto outros, muitos dias, não conseguem sobreviver nem das migalhas.

Viram-se às crianças abandonadas, mas superlotam prostíbulos.

Não doam a esmola que acalmaria a fome do velhinho da rua, apostando fortunas nos jogos de azar, do mal...

Uns falam, bradam decisões políticas, todavia são tiranos no lar, não conseguindo sequer administrar a educação dos filhinhos.

Querem respeito. Aspiram ao poder. Exigem ser ouvidos, mas abandonam os pais à sorte, os irmãos aos encontros amargos do destino.

O homem, irmãos queridos, quer saber quando será o fim do mundo, mas marca encontros diários com os infortúnios. Abraça conluios tenebrosos. Viaja às trevas, por não saber sequer afastar de si o abismo da ignorância, da prepotência. Enxerga o ouro. Vive do egoísmo, do orgulho, não se consolando pela trilha do bem. Vê as lições da verdade como sobras que por ora, quando encarnados, não lhe fazem falta.

Mas desejam saber o dia, a hora do fim do mundo; não para olhar ao céu e pedir o perdão pelos males praticados, e sim para gozar dos últimos instantes dos prazeres mundanos.

São as guerras pela espada. As batalhas com canhões. Os rebuliços por muitos homens mortos. As frentes de batalha em mísseis. As bombas da guerra mais potentes. São mortes, mais mortes... São também as batalhas internas. E ainda não enxerga o homem que já faz o fim do mundo?!

Todos, queridos filhos, são parte do hoje, do ontem, do amanhã. A construção de um mundo melhor requer idealizações, vontades, fé e muita caridade.

Não seria muito mais fácil o homem perguntar quando não será o fim do mundo?

Chegamos ao extremo da dor. A dor de não percebermos o mal, de não nos importarmos com ele.

Filhos, Jesus é sábio e nos diz em mais esta parábola: "Não sei quando do fim do mundo, mas sei como não alcançá-lo". Basta, irmãos, que utilizemos da luz de Cristo; basta, filhos do Pai, crermos em suas lições e ministrarmos em nossas almas e nossos corações suas leis, caminhando pelo seu percurso de amor, afastando de nós toda e qualquer iniqüidade.

Vencer é seguir Jesus.

Lutar é falar sobre suas leis.

Caminhar é segui-Lo pelas trilhas do amor ao próximo.

Procuremos a estrada do Mestre, que nos traz o alívio, a consolação. Sejamos puros de coração e saibamos que Sua luz e Seu brilho é a estrela que nos levará à eternidade, à Casa do Pai, e não ao fim do mundo.

Irmão Marcus

XVII

Trabalhos de irradiação

A LEITURA DAQUELA MENSAGEM do abnegado servo de Deus nos emocionou. Tantos ensinos conspícuos...

A guerra, realmente, era um mal que atingia a todos. Muitos pensavam que ela nos traria o fim ao mundo, mas, como o próprio espírito do Grupo Fé, Amor e Prece disse, já não estaríamos no fim do mundo, pelos atos empedernidos, insensatos e nefastos que o homem pratica?

As reais inverdades internas, ou externas, já não seriam o fim dos tempos?

As trevas cultivadas pelos encarnados já não nos levam ao precipício?

Não teríamos que enxergar o não fim do mundo?

Sim, sábios ensinamentos. Somente pela trilha do bem talhada por Jesus seremos salvos, alcançaremos o Reino de Deus.

Após aquelas regozijantes mensagens, efetuou-se o trabalho de passes pelos médiuns, assentados junto à mesa. Levantaram-se e os aplicaram em todos os que permaneciam com o público.

Pude perceber que os espíritos obravam nesse momento por meio dos diversos aparelhos em forma de tubos, com líquidos gasosos de diversas cores. Notei que cada pessoa recebia a cor fluídica da qual necessitava, sendo estas transmitidas pelos aparelhos e pelas mãos dos médiuns. Eles se utilizavam das mãos, por esse motivo delas saíam os fluidos, explicou-me gentilmente meu mentor. Além disso, notei que os aparelhos se ligavam aos médiuns, e estes aos pacientes. O mesmo acontecia com os desencarnados e encarnados; após hausto do passe sentiam-se mais fortes, revigorados e genuínos. Muitos, após esse bendito passe, acenderam a luzinha da compreensão no coração, e eram imediatamente levados aos postos de socorro espiritual. Glosou-me ele que os desencarnados conseguiam, na maioria das vezes, sorver mais energias fluídicas boas que os próprios encarnados. Isso se devia ao fato de o meio em que viviam ser menos pesado.

A reunião de Evangelho no lar encerrou-se após esses labores com mais uma comovente prece da dona Sabrina. Reparei, nesse momento, que centenas de espíritos-luz se aproximavam do recinto em suaves levitações, jogando em todos pequenas estrelinhas prateadas, inclusive nos desencarnados. E estes saíam do recinto guiados pelos inúmeros espíritos do bem, uns para os postos de socorro, outros a vaguear em pensamentos; outros eram retirados aprisionados.

Nesse instante, percebendo minha perplexidade, meu orientador espiritual disse-me:

— Não se deixe espantar. Deus não castiga ninguém, Alexander. Mas também protege os seus filhos. Por isso, são esses irmãos, ainda duros e ignorantes, levados desse modo para que não prejudiquem ninguém, pelo menos por um tempo determinado. Permite isso o Pai para que possam receber alguns passes, ouvir palestras e participar, também, de mais algumas reuniões espirituais terrestres. Deus é sábio e justo, não duvidemos disso, aceitemos Suas determinações.

Sabemos que, para educarmos e curarmos um alcoólatra, por exemplo, devemos agir com amor em primeiro lugar, porém não devemos ceder a seus caprichos. Seria extremamente imprudente deixá-lo em contato direto, ou indireto, ao alcance do mal que só o prejudica, no caso o álcool. Com os desencarnados a mesma coisa acontece. A guerra despertou-lhes o ódio e a vingança. De que adiantaria se deixássemos, mesmo que mortos, continuarem a participar dela?

Percebendo que eu havia entendido, despediu-se amavelmente e foi caminhando em direção a uma imagem dentro de uma espécie de nuvem, e quando lá chegou, abriu-se outra imagem, a de um campo muito bonito, com flores.

Notando que eu recebera úteis elucidações, Milakanova aproximou-se de mim.

— Gostou do culto no lar, Alexander?

— Muito – respondi-lhe, com carinho.

Comentei rapidamente o que havia acontecido com minha vidência, que conversara com meu espírito protetor e tudo que presenciara espiritualmente na reunião.

Milakanova sorriu com ingenuidade e falou-me:

— A dona Sabrina recebeu comunicação por meio da psicografia para que convidássemos você a participar destes trabalhos de Evangelho doméstico.

— Eu? Por quê?

— É sabido há muito, pelas comunicações do Grupo Fé, Amor e Prece, que precisávamos à mesa de um médium vidente, e diziam-nos que este estava por vir. Então, como vemos, é você, Alexander. – E sorriu-me docemente.

— Aceito e sinto-me feliz. Mas como serei útil? – indaguei.

— O trabalhador do bem sempre será útil e sempre deverá ser útil. Os mentores do grupo determinarão suas funções. Posso adiantar-lhe que um médium vidente é essencial nos trabalhos espíritas, pois pode nos trazer fatos e acontecimentos visuais importantíssimos; muitas vezes elucidarão fatos já ditos, outras vezes mostrarão coisas que não foram faladas por meio da psicografia, e em outras muitas vezes nos trarão acontecimentos que ainda não foram vivenciados por nós, ou pela humanidade.

Realmente estava eu feliz em poder ser útil aos trabalhos, àqueles habitantes da vila, a todos os irmãos de jornada. Não deixaria passar mais essa oportunidade que Deus me concedia para minha redenção. Estava decidido a evoluir, e isso era o que faria, para o bem de todos e também para o meu próprio.

A mediunidade é caminho de luz, é compromisso com o Pai. Detalhar mensagens dos céus é responsabilidade próspera quando realizada com amor, abnegação e despretensiosamente. Ouvir os espíritos do céu é trabalho árduo, incessante, que requer dedicação, preparo e evolução moral. O médium que atua pela boa moral recebe comunicações amplas e sábias. A mediunidade é mandato e compromisso. É promissória que assinamos para com o Pai antes de encarnarmos.

Agir mediunicamente é agir para o bem comum, com amor, caridade. O processo medianímico engloba caracteres como o da conduta omissa nas horas em que não pode servir como servo do Pai, e comissiva, quando deve atuar na seara dos ensinos de Jesus.

A mediunidade é meio de colaborarmos com o próximo e auxiliarmos os bons espíritos em transmitir os desígnios superiores. É compromisso que, se arduamente trabalhado e efetuado com amor, suprirá dívidas pretéritas. São poucos os médiuns que não são abastadamente endividados com Deus. É promissória que, se usada com o intuito de retribuição, ou lucro ou se for mal utilizado só agravará a dívida do médium.

Despedi-me de Milakanova, e marcamos de nos encontrar às vinte e uma horas no salão dos trabalhos de irradiação no dia seguinte, para o labor irradiativo ao núcleo de socorro espiritual aos desencarnados na guerra.

Confirmei minha presença em participar das reuniões, e então ela me disse que estivesse na casa da dona Sabrina todas as quintas-feiras, naquele mesmo horário.

Antes de dormir, reconfortei-me com a leitura aleatória do Evangelho que havia ganhado de Petterson. Agradeci a Deus por tudo o que me ofertava em aprendizado espiritual e roguei por todos. Segundos antecedentes ao fechar dos olhos, meditava sobre as belas lições espirituais passadas psicograficamente no culto de Evangelho no lar, em especial a do Irmão Marcus.

Dormi confortavelmente em meu cômodo emprestado e, ao acordar, lembrei-me do sonho que tive durante a noite. Foi com minha mãe. Cheguei inclusive a conversar longos minutos com ela. Detalharei algumas partes mais essenciais à nossa história.

Estávamos diante de um jardim muito belo, onde o gramado era liso, e a própria grama assemelhava-se a flocos de algodão. As árvores eram frondosas e milimetricamente aparadas, e também havia outras plantas desconhecidas, bem como inúmeras flores de diversas espécies e cores. Esse jardim era extenso, possuía bancos de madeira onde podíamos sentar e um lago de cor azul esverdeada, que não posso precisar se em meio ao seu ortocentro. Possuía algumas casas e compartimentos também em madeira bem trabalhada. Assemelhava-se a um jardim de quadro, ou tela pintada por um dos nossos maiores, ou melhores, artistas plásticos da Terra.

Notei, desde o princípio, ser esse o mesmo jardim do sonho que tinha com Milakanova. Consegui observá-lo, dessa vez, com maior amplidão e de um outro ângulo. Notei seu portal de entrada construído em madeira de cerejeira maciça, delicadamente envernizada. Em arco acima dessa porteira estava escrito assim: "Jardim da Esperança". Tudo lá era sublime, e logo na entrada havia uma gigantesca árvore, proporcionando-nos sombra refrescante e aspecto divinal.

O sol raiava agradável, e o céu muito lindo, era azul anil.

Logo percebendo minha presença, minha mãe, que conversava com um senhor, veio ao meu encontro. Sentamo-nos em um dos bancos de madeira da obra de Deus.

Disse-me, então, mamãe, agora aparentemente mais jovem, com expressão menos desgastada da vida e vestindo uma túnica rosa:

— Estava esperando por ti, filho.

Mamãe, desde que eu era pequeno, tratava-me com muito zelo. Talvez por ter sido rejeitada em seu lar quando pequena. Seu pai teve duas filhas. Gostaria de ter tido um herdeiro do sexo masculino. Por isso, mamãe sofreu muito no começo de sua vida. Apanhava e era desprezada por seu pai. Minha avó não tinha voz ativa em sua casa, assim, meu avô tinha plena autonomia para seus desmandos. Não querendo errar como seu pai, a dona Elisabeth, minha mãe, mimava-me muito. Diversas vezes tive que ser advertido pelo meu pai, e outras tantas por meu tio, irmão de minha mãe por parte de pai. Meu avô, após a morte prematura de minha avó, contraiu novas núpcias, vindo a ter o filho homem que queria. Portanto, mamãe sofrera muito desde jovem. Primeiro pelo tratamento autoritário exercido pelo meu avô, e depois pela morte, ainda jovem, de minha avó. No entanto, a madrasta de Elisabeth foi para ela uma segunda mãe. Com o filho homem que queria, o vovô melhorou radicalmente o tratamento dado a minha mãe. Da mesma maneira ocorreu a minha tia. Lembro-me de várias discussões entre o sr. Alfred e a dona Elisabeth deste jeito:

— Não o mime tanto. Vai transformá-lo num homem de poucos valores. Não queira compensar os erros da criação de seu pai fazendo tudo que o menino quer – dizia meu pai, em relação a mim – Vai afetar o futuro de nosso Alexander.

Minha mãe assim replicava:

— Não consigo deixar de agradar-lhe. Ele precisa de mim. Sou sua mãe.

— Eu sei, Elisabeth – respondia meu pai, dando-lhe as costas e saindo para o quintal de casa.

Talvez tenha sido esse um dos motivos de meu pai ter insistido tanto para que eu fosse para o colégio interno.

Minha mãe tinha muito medo de administrar a instituição que criei para as crianças. Talvez, também, estivesse receosa em estragar com o mesmos mimos aqueles anjinhos. Geralmente, quando estava viajando, eu deixava um amigo como responsável pela casa de caridade, pois mamãe dizia-se muito ocupada. Sabia eu que ela não queria enfrentar seu próprio trauma interno.

Irmãos, os filhos são espíritos que sempre merecerão nossos esforços e preces. As crianças, não se esqueçam, são filhos também de Deus. Merecerão para sempre nossa compreensão, amor e dedicação, mas saibamos dosar essas qualidades orientando-as para seus futuros. Nós, como responsáveis por elas, jamais poderemos nos render a caprichos e mimos fúteis, que só prejudicarão seu andamento espiritual. Também não nos esqueçamos de que para eles não cobrarem mimos excessivos, devemos afastar de perto de nós nossos próprios caprichos fúteis, como exemplo, ou seja, aqueles que não nos trazem luz ao espírito.

Voltou a ponderar minha mãe:

— Queria muito lhe falar. – E deu-me carinhoso abraço.

Continuando e percebendo minha felicidade, com olhos úmidos ressaltou:

— Alexander, a instituição continua organizada, e as crianças, muito bem cuidadas. Vou todos os dias pessoalmente ao instituto e observo com amor, mas muita atenção, todos os detalhes. Fiquei amiga dos cooperadores, e as crianças se tornaram meu maior abrigo fraterno ao coração; inclusive chamam-me de "vovó". Mas quero revelar-lhe, com entusiasmo, que, após ter recebido sua carta e meditado muito sobre ela, por meio de muitas lágrimas e sorrisos, resolvi seguir seus conselhos e estou inteirando-me da doutrina espírita. Freqüento semanalmente um centro pequeno no subúrbio de nossa cidade, o centro da sra. Ruth, esposa do dr. Deingels. Agradeci tanto a Deus por você ter me alertado para a realidade da vida! E desde então ando vindo para cá em sonho, ao seu encontro. Diziam-me que ainda não era o momento. Sei já das suas novas atividades, filho, reconheci aqui velhos amigos e reencontrei-me diversas vezes com seu pai. Ah, Filho! Antes que me esqueça, levei Anne à instituição e estou cumprindo, do meu modo, sua promessa com seu amigo soldado.

Estava feliz e satisfeito em ouvir aquelas palavras de minha genitora, e então, com admirável surpresa, aquele senhor, com o qual ela conversava antes de mim, veio em nossa direção e pude reconhecê-lo como sendo meu pai. Agora a felicidade era em dobro, e assim ponderei:

— Fico orgulhoso de vê-los juntos! Quanto a você, mamãe, continue com fé no novo rumo que trilha seu espírito encarnado, e saiba que nele só encontrará as flores dos céus, mesmo a qualquer dor ou sacrifício. Esse é o estirão do verdadeiro amor, da caridade, da prece correta, da perseverança. Nele baterá a porta da verdadeira felicidade, a da alma com luz.

Conversamos por muitos minutos, eu, meu pai e minha mãe.

Trocamos diversas impressões sobre Jesus, Deus, o Espiritismo, sobre nossas vidas e...

Acordei com mais ânimo e fé que tradicionalmente, pois, apesar de ter certeza íntima, a confirmação em sonho de que a mamãe e as crianças estavam bem só me traziam alegria ao coração.

Trabalhei durante todo o dia com muita vontade e dedicação, e aproximadamente uma hora antes do horário previsto para os trabalhos de irradiação compareci ao salão, onde se efetuavam os labores para orar e me concentrar espiritualmente.

Adentrava aquele santo salão com rogativas fervorosas em perseverança e amor ao amado Mestre Jesus.

Sentei-me em um dos aposentos reservados ao público. Era majestoso e sublime aquele salão. Havia bancos de madeira com capacidade para cinqüenta pessoas.

No centro dos trabalhos, havia uma cruz ponderavelmente métrica, cercada por um círculo, ambos talhados em madeira grossa.

A platéia sentava-se nos bancos reservados e fazia um outro círculo ao redor da cruz, a uma distância de cinco metros.

Estava eu em profundo processo de concentração quando comecei a notar a presença dos irmãos espirituais, todos vestidos rigorosamente com túnicas brancas.

Alguns preparavam aparelhos com fios extensos similares aos da reunião de Evangelho que havia presenciado na véspera.

Outros traziam quatro pequenos cristais de aproximadamente sessenta centímetros, e os colocavam nas quatro extremidades da cruz. Esses cristais assemelhavam-se à forma de pirâmides. Essa forma piramidal era completamente dividida em várias partes que se assemelhavam a um objeto com dezesseis lados.

Pude ver que dois outros espíritos colocavam no centro da cruz, e conseqüentemente no centro do círculo que a envolvia, bem como no ortocentro do ambiente, um outro cristal, que era bem maior, com cerca de um metro e vinte centímetros de altura, mais largo que os outros, mas com a mesma forma angular.

Não deixei de reparar que esse cristal central possuía a cor branco-amarelada, enquanto os outros possuíam, respectivamente o primeiro a cor verde-claro; o segundo azul-claro; o terceiro, arroxeado e lilás; o quarto, champanhe com rosa.

Percebi que alguns espíritos ligavam os aparelhos espirituais localizados atrás da platéia, na quantia de oito, aos quatro cristais da cruz, e estes ao grande cristal ao centro, todos interligados com fios tenuíssimos na cor prateada, azulada e esverdeada. Todos esses fios atravessavam os bancos da platéia, e ligavam-se dois aparelhos a cada cristal da cruz.

Havia grande número de obreiros espirituais que permaneciam em vigorosa prece cercando a última fileira de bancos.

Não conseguia esconder meu espanto, pois podia contar cerca de trezentos benfeitores espirituais em labor ativo, quando fui surpreendido por uma pergunta que veio de alguém sentado ao meu lado:

— Surpreso, Alexander?

Era meu mentor, vestido também em túnica branca.

— Sim – respondi-lhe –, não consigo compreender o mecanismo desse serviço. Não faço nem idéia do porquê de tantos trabalhadores abnegados.

O senhor esbelto e lúcido sorriu e disse-me:

— É comum. A maioria dos encarnados não consegue precisar a importância exata do trabalho de irradiação. Alguns apenas imaginam ser esse um simples processo de transmissão de energia ou fluidos.

Realmente eu imaginava que o serviço requereria certos cuidados, tanto do plano invisível quanto de nós. A vigília dos pensamentos, a prece, a concentração eram necessárias. Por isso, adiantei-me para poder doar-me da melhor maneira possível. Então, resolvi indagar-lhe:

— Além da transmissão de salutares vibrações, o que nos ensina essa tarefa? O que a faz tão importante?

— Deus. O trabalho só se concretiza com a permissão do Pai. Somente pelo aval dos espíritos muito superiores ele se fecunda. Além do mais, ele não é apenas transmissão, mas sim solidificação de vibrações. Esse labor é puro amor, é verdadeira abnegação no campo da fé, da vontade, da perseverança de que a caridade pode e deve também ser praticada a distância. De que adiantaria o remédio se não tivéssemos o acompanhamento médico? De nada adiantaria transmitirmos fluidos positivos se não tivéssemos o firme propósito de perpetuá-los por meio da caridade e fé! Não faria efeito tal trabalho se todos os que participam não tivessem a vontade e fé de que estão praticando caridade sem ostentação, a distância.

Reparando em meu espanto, continuou:

— Os aparelhos atrás da platéia, filho, captam e absorvem todos os bons pensamentos dos participantes. Estes são transmitidos para os quatro cristais que você vê nas pontas da cruz, por meio daqueles fios. Esses cristais absorvem toda a energia dos médiuns preparados para esse trabalho, que permanecem em pé, doando bons fluidos. Eles juntam essas poderosas energias com as dos espectadores. Elas são completamente purificadas e combinadas com as energias dos espíritos, que estão em permanente prece. Agora são retransmitidas ao cristal do centro da cruz. Lá, essa energia é condensada, e faz-se um cálculo aproximado da quantidade de energia e fé pela proporção da necessidade do local, coisa, grupo ou pessoa a que deve ser doada. Em seguida, com a permissão das esferas mais altas, isto é, por ordem indireta de Deus, essa energia condensada parte e atinge em segundos o alvo determinado. Se menor, é multiplicada, também, por ordem do Maior; se maior, é repartida a outros pontos, ou locais necessitários.

Permanecia estupefato. Ele prosseguiu:

— Compreende a importância do trabalho? Quanto mais fé e crença de que isso pode acontecer, maior será a caridade, maior o número de beneficiados. Se houve pouca perseverança em forma de energia, haverá aumento desta por parte das esferas mais altas, o que significa que o trabalho por parte dos homens foi insuficiente.

Continuava eu entretido. Então, rapidamente disse-me ele, pois a hora inicial dos serviços se aproximava:

— Todos os que procuram esses serviços devem participar com muita fé e certeza de que fazem caridade abnegada. A vontade, o preparo e a perseverança são fundamentais. Todos os que se preparam para estes labores devem ao menos, durante o dia marcado, procurar se abster de excessos alimentares, bebida alcoólica, prática de sexo, e manterem-se em profunda concentração com o desejo de ajudar em nome de Deus. Digo-lhe ainda que a oração é ferramenta indispensável neste serviço.

E, alertando-me antes de ir, falou:

— Quando do final, após a concentração, você verá as energias fluír para o cristal central e, nesse momento, devo avisá-lo, cuide de proteger suas vistas, pois a luz será tão forte que poderá cegá-lo.

O salão enchia-se. Fui cumprimentado adoravelmente por Milakanova e todos os demais, e em poucos minutos deu-se início aos trabalhos.

Milakanova, Sabrina, Geórgia e Jhohanson tomavam a posição de médiuns nas extremidades da cruz. Após a prece comovedora da dona Sabrina e os avisos aos participantes de que aquele serviço seria revertido aos postos de socorros espirituais que atendiam os falecidos na guerra – tanto civis como militares –, houve profunda concentração de todos intimamente por mais de vinte minutos.

Em seguida, a energia concentrou-se no cristal central, e do centro expandiu-se linda luminosidade, que pouco vislumbrei em virtude do aviso de meu mentor.

XVIII

Trabalhos espíritas

Findos os serviços de irradiação, eu e Milakanova fomos ao passeio noturno, tradicionalmente feito quando em noites secas.

Novamente a lua brilhava e as estrelas apontavam no céu como esperança e força. Algumas pareciam acender e apagar a luminosidade, como a nos falar: "Estou a observá-los. Aproveitem a natureza, apreciem o espetáculo proporcionado". Eram graciosas. Eram obras do Criador.

Os homens ainda hoje pouco sabem aproveitar as belezas naturais. Muito conseguem apreciar em diversas coisas passageiras e prazeres momentâneos, que os levam, muitas vezes, a tortuosas trilhas de dor, de angústia. O ar, o mar, o sol, as estrelas e tantas outras maravilhas naturais são presentes de Deus para nós a todos os instantes. Saibamos utilizá-los. Grandes casos de depressão, melancolia e desequilíbrios mentais e orgânicos são provocados por culpa dos homens invigilantes, que trocam o passeio regozijante em detrimento dos divertimentos mundanos pungentes, comensuráveis e inapreciáveis à evolução do espírito.

De mãos dadas, corações entrelaçados e coesos por um sentimento eterno, eu e Milakanova apreciávamos tudo. Desde o som das corujas e sapos até o barulho do vento rebatendo nas folhas das árvores. Sabíamos estar neles Deus presente, e, onde quer que O encontrávamos, procurávamos observar, conhecer.

Foi assim que minha eterna companheira me disse:

— Sentiu-se à vontade nos trabalhos de hoje? Conseguiu compreendê-los?

— Sim, Milakanova. – E, passados alguns segundos, falei-lhe: – Meu mentor apareceu em minha vidência e procurou explicar-me tudo. Além disso, avistei inúmeros trabalhadores espirituais.

Trocamos algumas informações espirituais sobre os serviços de irradiação. Falei-lhe tudo: sobre os cristais, os fios tenuíssimos, as cores e a forte luz irradiada do cristal central da cruz. Então, ela interrompeu-me:

— Conseguiu perceber toda a magnitude do serviço?

— Creio que sim. Fui alertado de que o trabalho é de suma importância para aqueles que o fazem e os que o recebem.

— Sem dúvida. Muitos homens na Terra acreditam que nada podem fazer aos irmãos da encarnação, e desculpam-se uns, por não possuírem moedas suficientes para doar; outros, por não terem tempo; outros ainda, por não saberem e terem quem ajudar. Alguns acham que por viverem em lugares saudáveis onde não encontram pessoas alquebradas não devem exercer a caridade. Vivem em cidades ou países sem grandes tristezas e xepeiros nas ruas, por isso pensam que não têm a quem ajudar. Mesmo que nesses lugares não existam indivíduos a serem auxiliados, coisa muito improvável, pois a maioria das almas não precisa do apoio material, mas sim do espiritual, devem auxiliar seus irmãos que sofrem em outros países ou lugares, por meio das preces, e, se possível, do trabalho de irradiação.

Estava entusiasmado por continuar a ouvi-la quando ela me interrogou:

— Seu mentor passou-lhe a história do começo dos trabalhos de irradiação na colônia espiritual que habita? Disse-lhe que ele faz parte do mesmo Grupo Fé, Amor e Prece que trabalha conosco?

— Não – respondi-lhe secamente e com muita curiosidade em querer saber.

— Pois bem – voltou a redargüir Milakanova. – Contarei um resumo de toda a história.

Então fiquei sabendo que a colônia que os integrantes do Grupo Fé, Amor e Prece habitam foi inaugurada na Europa em 1300 d.C., portanto, era já muito antiga. Foi fundada por europeus de diversas nacionalidades e origens, pois ainda se vivia na Terra a época feudal.

Existiam na Europa, nessa época, os feudos. Sua economia e as regiões eram muitas vezes divididas em principados ou pequenas vilas, cenáculos.

Em um desses feudos, na região do Reno, hoje Alemanha, existiam quatro cavaleiros que trabalhavam como guardas. Eles, cansados de tantas disputas e mortes pelo controle político e econômico dos principados, resolveram abandonar as guerras internas, e em forte prece a Deus pediram a paz. Sacaram de suas longas e grossas espadas da época medieval, colocaram-nas no chão, obtendo a forma da cruz de Cristo, e em pé rezaram pela paz ao Pai. Receberam eles, nesse momento, a visita de um arcanjo, vestido de túnica branca, que lhes disse assim:

— Troquem suas armas pela cruz do Senhor. Rezem, de hoje em diante, pela paz e por tudo o que está em desacordo com os preceitos das parábolas do Mestre. Saiam daqui e comecem a pregar como os cristãos verdadeiros de ontem. Esqueçam o ódio, o orgulho, e tentem viver como servos de Deus.

Sumindo a imagem, aqueles quatro homens começaram no mesmo dia da semana, no mesmo horário, a orar por todas as desgraças do mundo; um em cada extremidade da espada que formava a cruz. Saíram também a pregar o cristianismo. Conseguiram viver apenas três anos contados daquele dia, pois a perseguição religiosa inescrupulosa condenou-os à morte na fogueira por considerá-los bruxos, uma vez que viam e falavam com os espíritos.

Esses cavaleiros tiveram do céu a permissão de construir a colônia espiritual a que Milakanova se referia e a fizeram na região de Leningrado.

Edificaram-na com muito esforço, permissão do Pai e colaboração de milhares de espíritos dedicados. Construíram nela um grande salão e lá mandaram talhar a cruz com o círculo que vi assemelhadamente em nossa humilde vila, para continuarem a fazer os trabalhos de irradiação pela paz e pelas dores do mundo.

— Como viu, Alexander, todos têm sua história, todos têm justos motivos para seguir Jesus ao caminho do Maior.

O que acabara de ouvir de Milakanova sacudiu positivamente minha alma. Estava feliz de poder conhecer um pouco a história do Grupo Fé, Amor e Prece, e sobre meu mentor, mas realmente contente em descobrir que sempre existiram na Terra pessoas abnegadas a pregar o cristianismo.

Os quatro cavaleiros fundadores da colônia espiritual são o exemplo vivo de que Cristo persiste em nos ensinar, persiste em viver dentro de nossos corações, está sempre a nos ministrar, e com certeza viveu a nos mostrar o estirão à Casa do Pai. Suas lições são eternos ensinos de humildade, paciência, moral, caridade, amor e justiça. Todos um dia murmurarão: “Salve Cristo”.

A noite estava belíssima. Conseguia aconchegar e enlear com ternura dois corações apaixonados.

A hora passava. Eu e Milakanova despedimo-nos com o carinho e a docilidade de duas almas que preparam o ninho para a eternidade.

Dormi e acordei no outro dia mais forte e revigorado. Aliás, desde que me aventurara em praticar o Espiritismo e agregar-me àquela comunidade, sentia-me dia após dia mais feliz e estruturado internamente.

Durante os dois meses seguintes, mantive-me a todo instante aprendendo mais sobre a doutrina, sobre os homens, sobre a humanidade e principalmente sobre minha alma.

Vivia intensamente a amplidão da ternura de Jesus por meio de seus enviados do Grupo Fé, Amor e Prece, e assim conseguia compreender um pouco mais sobre as verdades de Deus.

Desempenhava minhas funções espirituais com extrema responsabilidade, seriedade e muita fé. A cada trabalho do qual participava sabia que era em benefício do próximo, e por isso me esmerava. Entregava toda minha vontade e perseverança como agradecimento pelo já recebido, e pedia que essa energia pura que provinha de meu coração fosse estendida a todos do grupo, da comunidade, do mundo.

Minha mediunidade crescia espantosamente. Cada vez compreendia mais a extensão do labor espírita.

Um dia, meu mentor, que se identificou por Irmão Monsued, disse-me:

— Filho, continue se esforçando assim. Nunca abandone sua fé. Jamais a deixe ao esquecimento, pois logo irá fazer a viagem que lhe trará luz, e reconhecerá sua vontade. Saiba que essa viagem é apenas mais uma das muitas que fez, mas esforce-se para que seja uma das últimas. Existem, assim como eu, muitos irmãos em espírito a auxiliá-lo.

As lições do Irmão Monsued, da dona Sabrina e Milakanova sempre acalentavam minha alma e serviam de combustível ao desempenho de "tentar ser um cristão". Serviam como luz para as barreiras que iria enfrentar. Fora esses sublimes espíritos e almas, aprendia muito com todos, desde os mais humildes até os mais cultos. Trabalhava já em todos os serviços espirituais da vila, com passes e palestras. Tinha trabalho especial com a vidência nos serviços de cura e irradiação, nas reuniões de Evangelho públicas, como as do culto do lar da dona Sabrina.

No entanto, existia uma palestrante que me chamava sempre a atenção. Não perdia uma palavra sequer de seus dizeres.

Essa preleção era a da médium Geórgia. Ela conseguia trabalhar transfigurada com o espírito de um frade que se denominava Irmão Jean Carlo. Começava as suas palestras com singela mas comovente oração, e após alguns segundos de concentração falava sobre os assuntos espíritas, cotidianos, de Deus, sempre acompanhada desse Irmão.

Quando obrava transfigurada, todos nós, tanto da platéia como médiuns auxiliares, ficávamos completamente entusiasmados, e um forte arrepio apresentava-se desde nossa coluna vertebral até o último fio de cabelo.

Em meio a sua face e a frente do corpo de Geórgia esse espírito aparecia visível não só a meu olhar mediúnico de vidente como também a todos os que nem sequer eram médiuns desenvolvidos.

Fazia isto através da propriedade perispiritual, o processo conhecido como transfiguração.

Suas lições eram sublimes, e tentarei aqui relembrar uma delas, que comoveu e emocionou-me muitíssimo. Disse assim o Irmão Jean Carlo:

Que a paz de Jesus esteja conosco.

A humanidade continua a trilhar a existência pelas labaredas do terror.

Os homens agridem-se e ofendem-se mutuamente, sem respeito.

Atuam como feras indomáveis.

Agem como serpentes venenosas.

Possuem o estereótipo de animais esfomeados.

Derramam em seus corpos o sangue de muitos homens. Jogam adentro de seus corações o líquido amargo da impiedade.

Avistam a destruição.

Constroem o atascadeiro do mal.

Não se abraçam. Não se amam. Não se beijam, mas arruinam-se pela busca do poder frágil e temporário. Não têm medo de arriscarem-se em jornadas perniciosas.

Contudo, queridos irmãos, não procuram os homens a verdade.

Alimentam-se do ódio, da mentira.

Remedeiam-se pelo orgulho e vaidade.

Rumam ao egoísmo.

Não temem a morte quando estão lutando pela busca da satisfação temporária, diante das várias faces das trevas materiais. Todavia, falta-lhes coragem de mudar para o bem. Têm medo de caminhar em direção à verdade ensinada a nós por Jesus.

Consomem-se como verdugos inescrupulosos, mas não enxergam o alívio.

Consolam-se nos labirintos do terror, não escutando Deus, que os chama ao bem dentro de seus corações.

Filhos, Jesus trilhou para nós o caminho da felicidade maior.

Mostrou-nos por meio de seu abnegado sacrifício que os espinhos ferem e não devem ser tocados, porém as estrelas devem ser seguidas, por avistarmos nelas o brilho que nos encaminhará à Casa do Maior.

O orgulho, a prepotência, o egoísmo são as armas das trevas. Não deixemo-nos envolver por elas. Afastemo-las, sim, de nossas mesas, de nossos lares, de nossos corações.

O ódio, a cólera e a vingança são as dores que o mal quer nos oferecer. Expulsemo-las de nossos hábitos, gestos, verbos e ouvidos.

Vivamos no percurso do bem ensinado a nós pelo Mestre, e não sejamos covardes. Criemos coragem e lutemos pela vitória do bem, pela busca da vida eterna.

Deixemos de hipocrisia; o poder só Deus detém, e Ele não o exerce com punições, mas com doces lições. Muitas vezes a dor é a lição mais importante que devemos assimilar. Quem suporta, quem enfrenta e, principalmente, quem aprende e conforma-se com ela é um forte candidato a receber a luz maior.

Covarde é aquele que luta com o mal e por ele. Aquele que vê o nocivo como fonte de alimento é covarde assumido, e não sabe ser benevolente.

Aquele que procura a Justiça em Deus, aceita e acata Suas determinações, e sobretudo luta com fé por um mundo melhor, é corajoso e possui a virtude da bondade.

Amemos o próximo não com armas bélicas, mas com as flores da estrada da redenção.

Entendamos os problemas por que ora passamos como dor que só nos conduzirá à elevação espiritual.

Cuidemos do mundo que o Pai nos deu com a caridade, a verdade e a moral.

Joguemos ao lixo a raiva e o ódio, mas perdoemos do fundo do coração aqueles que hoje se julgam nossos inimigos, e amanhã serão nossos irmãos.

Usemos a espada da piedade. O canhão das verdades de Jesus. O lampião da caridade e o fogo do amor eterno do Pai.

Um pequeno sopro de Deus pode nos exterminar. Um pequeno desejo do Maior pode encerrar qualquer guerra. Mas confiemos que Seu poder nos orienta e Suas determinações são sábias, justas e eternas, e se assim quer que soframos é porque, através dessa dor, poderemos enxergar um pouco mais dentro de nossos corações Seu Amor Supremo.

Deus é Glória, Poder, Misericórdia e Bondade.

Que Jesus continue a trilhar conosco.

Irmão Jean Carlo

XIX

Jardim da Esperança

As palavras daquele humilde servo de Deus atingiam profundamente nossos corações. Alertava as consciências, a fim de que compreendessem que o sofrimento também poderá ser um alívio, um eterno consolo. Pode ser um antídoto às picadas venenosas do orgulho, uma vacina contra o egoísmo, um remédio que nos cure do mal. Dor, bendita dor...

O inverno abundava-se com grande poder.

Nós, cidadãos da vila, procurávamos nos abastecer de lenha para o aquecimento interno de nossos lares. Havia preparado para todos, através de humilde projeto, um aquecedor central a lenha para cada casa, cada salão. Assim, o frio que se aproximava – de trinta graus negativos – não era empecilho para freqüentarmos as reuniões e palestras, e praticarmos o bem.

Milakanova disse-me que aquele era o pior inverno enfrentado.

Porém, as belas lições de Jesus e as instrutivas e comoventes mensagens do Grupo Fé, Amor e Prece, além da poderosa oração da dona Sabrina, juntamente com o dever íntimo de servirmos o próximo, esquentava-nos o coração e o corpo.

O compromisso com Deus é ato obrigatório de qualquer candidato a se tornar cristão, mesmo que em meio a horrendo calor, frio ou tempestade.

Tornava-se menor o nosso trabalho material, pois o que havíamos produzido era o que nos mantinha em alimento, água e vestimentas. Por isso, a economia e racionalização faziam-se necessárias.

Havia, também, um rigoroso trabalho de passes e um constante serviço de fluidificação. Recebíamos nessa época de inverno uma gratificação maior de Deus, e nos era permitido receber, através das águas fluidificadas, um remédio espiritual a nos proteger organicamente do frio. Era remédio para doenças orgânicas e forte nutridor, dando-nos sempre a sensação de estarmos bem alimentados. Conseguíamos facilmente perceber na água que bebíamos um gosto amarguíssimo, mais uma prova da compaixão do Pai a nós e a todos os que procuram laborar para o bem da comunidade.

Jamais esquecerei os dizeres do Irmão Zhaide, que era o responsável espiritual por esses trabalhos e pelas curas médicas, quando por meio da psicografia da dona Sabrina falou:

— *A água é aliada do bem há muito tempo. Sempre foi bem utilizado por Jesus e, hoje, comporta-se como remédio a várias enfermidades e necessidades orgânicas. Alguns homens conseguem compreender sua essência divina. Alguns indianos já a utilizavam com poderosa propriedade. No entanto, são poucos os que ainda vêem em seus fluidos reflexos da imagem do Mestre.*

Realmente, sem a colaboração dos benfeitores espirituais o inverno seria ainda mais rigoroso.

Os encontros noturnos com Milakanova eram quase impossíveis de acontecer, mas durante o dia não deixávamos de aproveitar as deslumbrantes paisagens que a neve nos ofertava. Apreciávamos tudo, e chegávamos a brincar feito crianças na construção dos famosos bonecos de neve.

O frio não parecia nos atingir, pois nossas almas caminhavam juntas, cada vez mais se amando, cada vez mais se tornando uma só. Já não conseguíamos esconder a satisfação do reencontro e orávamos, unidos a Deus, por mais essa oportunidade, por mais esse presente que nos fornecia. O sentimento carinhoso que nos enlaçava mostrava-nos o caminho ao eterno, puro e verdadeiro amor. Vivíamos com um só objetivo: amarmos o próximo; e com um só desejo: ser útil ao irmão de jornada, para que um dia, se Deus permitisse, tivéssemos nossa casa em Seu Reino.

Também a guerra intensificava-se.

Havíamos recebido notícias de que os avanços alemães estavam fracassando, e em alguns pontos já haviam fracassado.

No Norte, no rumo e agrupamento do qual eu fazia parte, a investida, ou reação soviética de inverno era fortíssima. A morte aumentara, assim como os prisioneiros. Agora, os alemães. Os soviéticos retomavam o território perdido. Os tanques alemães estavam atolados por causa das chuvas do outono, o frio matava seus soldados, pois não receberam os capotes necessários, e também não estavam acostumados a temperaturas de até cinqüenta graus negativos.

Hitler, sempre orgulhoso e prepotente, não deu ordem para que fizessem uma retirada estratégica, por não querer ver seus exércitos perdendo prestígio. Então, a falta de alimentos, roupas de inverno, combustíveis, o forte frio e o despreparo das Forças Armadas para enfrentá-lo acarretaram milhares de mortes e milhares de prisioneiros alemães.

Os soldados soviéticos avançavam quilômetros retomando o que por direito era deles.

No Centro, os alemães não conseguiram invadir Moscou, e também foram arrasados. No Sul, a ofensiva foi mais fraca, porém não com menos de milhares de alemães mortos.

Aumentavam os ataques aéreos, pois era uma das poucas tentativas alemãs de enfrentar o desgaste e o que Hitler chamava de humilhação.

Em nossa vila, também nos preparávamos, por meio de fortes orações, para os ataques aéreos alemães, pois já havíamos avistado várias de suas poderosas aeronaves do mal sobrevoando o território soviético.

Era quinta-feira, e conseqüentemente mais um dia de trabalho de Evangelho no Lar na casa da dona Sabrina. Sempre me sentia especialmente contente nesse dia, porque já havia algumas semanas realizava importantes trabalhos de vidência mediúnica. E, nessa ocasião, estava encarregado da oração de abertura, o que me despertava mais prazer.

Encontrei-me com Milakanova às dezenove horas, e fomos para a casa da dona Sabrina. Pude perceber nela um olhar mais carinhoso e sublime, e então falou-me:

— Sinto-me feliz por tê-lo reencontrado, e desejo-lhe hoje uma oração inicial repleta de bênçãos do céu.

Agradeci-lhe com sorriso largo e forte abraço, e então adentramos a casa. Fui recebido por todos com diferenciado carinho. Uns aos outros apresentavam a chama do amor de Deus.

Notei também, por meio da vidência mediúnica, que estávamos acompanhados de vários operários espirituais. Reconheci entre eles meu mentor, o qual me cumprimentou com balançar de cabeça.

Ainda notei haver alguns que costumeiramente não estavam sempre presentes, e também uma quantidade maior de espíritos protetores. Consegui ainda perceber que, nesse dia, não se encontrava na platéia nenhum irmão necessitado, ou rude. Mesmo estranhando o acontecimento perante a forte luz que o céu nos derramava, comecei no horário marcado a oração de abertura desta forma:

Amado Mestre Jesus,

Rogamos em Seu nome
A abertura dos trabalhos da noite
Para que compreendamos melhor Seus ensinos hoje,
E amanhã os apliquemo com mais amor;
Estamos aqui, Senhor,
Em rogativa humilde e coletiva,
Não com os pés ou mãos juntos,
Mas com almas sequiosas de aprendizagem;
Senhor, fortifique-nos o espírito,
Equilibre nossos corações,
Para que estes possam aquecer
Os desnutridos, os mendigos e os friorentos neste inverno terrível;
Faça-nos Sua força,
Sua voz e Sua vontade;
Conceda-nos a fé
A praticarmos a bondade;
Abra-nos os olhos aos necessitados,
Do amparo ao espírito,
Do aconchego ao corpo;
Faça com que levemos a eles Suas sinceras palavras;
Faça-nos, Mestre, o reconforto
Com amor e caridade,
Para que o homem do futuro

Seja doce e amável;
Continue a nos ensinar, Cristo,
A paz, a verdade do Pai,
Para que apaguemos amanhã
Esta guerra nefasta;
Transforma-nos em remédio,
Faça-nos luz,
Para que trilhemos o caminho
Àqueles que sofrem em dor;
Que as mortes cessem, Cristo,
Mas que vossas lições se espalhem
A fim de que esses governantes execrandos
Frutifiquem-se em paz e moral;
Senhor, que Sua excelência por ser nosso príncipe,
Nosso governante na Terra,
Possa prevalecer em cada gesto,
Em cada ato, ou palavra que digamos;
Concede-nos ouvir o Maior,
O Deus do perdão,
A fim de que espalhemos
Suas sementes de amor;
Senhor Jesus,
Dê-nos força, fortifique-nos a fé no Pai,
Para que nos hospitais, nas casas, nos homens, nos corações, em todo o mundo
Possamos mostrar que o Senhor é nossa esperança.
Assim seja.

Após, a prece, dentro daquele turbilhão de fé e amor, pude notar que do céu caíam em nós inúmeros flocos similares aos do algodão de cor branca e verde e em forma de pequenas estrelas douradas e prateadas.

Sentávamo-nos reconfortados e preparados ao trabalho.

Estava emocionado, pois era a primeira vez que eu fazia a oração espírita de abertura de um trabalho tão sublime.

Arrisquei dirigir um olhar a Milakanova, e pude constatar que ela sorria internamente, sob profunda concentração; assim, também reparei que todos no recinto faziam o mesmo.

Não consegui deixar de perceber uma certa movimentação entre os irmãos do Grupo Fé, Amor e Prece. Naquele momento faziam-se acompanhados por vários espíritos cooperadores que carregavam pequenas camas fluídicas, similares a macas de hospitais. E então muita luz foi despejada do céu em nosso ambiente de reunião, e meu mentor, o Irmão Monsued, aproximou-se e disse-me:

— É chegada a hora, filho; reze e concentre-se em Deus.

Mal deu tempo de ouvir sua última palavra da frase, e fomos abruptamente despertados da concentração espiritual em que estávamos por uns barulhos de aviões de guerra. Começaram a despejar as bombas das trevas em nossa pequena e humilde vila.

Os impactos no chão foram violentos; houve alguns gritos do lado de fora da casa, e em alguns segundos a residência de dona Sabrina foi atingida por uma delas.

Tivemos pouco tempo para pensar; pude somente olhar Milakanova e...

Como se vindo do céu, uma mão muito delicada estendia-se em minha direção. Reconheci-a como sendo do Irmão Monsued; e diante minha estupefação, consegui ver que ele se fazia acompanhar do sr. Alfred, meu pai.

Os momentos foram rápidos e instantâneos. Não sabia ao certo o que acontecia, mesmo com toda a compreensão espiritual que tinha. Mas não pude deixar de notar que caminhava amparado por eles e adentrava a porteira de madeira, que já conhecia de meus sonhos. Estava dentro do Jardim da Esperança. Havia feito a viagem sobre a qual fora avisado. Deixava de ser uma alma e tornava-me um espírito do Pai.

Deus é glorioso, misericordioso e benevolente. Concedeu-me, desde o início, o conforto de um de seus lares, o eterno e sublime Jardim da Esperança.

Fui conduzido a um leito dentro de uma daquelas casas talhadas de madeira.

Passaram-se três dias sob sono e algumas tonturas, não tirando-me por completo a concentração e fé em Deus. Acordava e dormia.

Passado esse período, senti que uma mão muito macia e delicada acordava-me. Já conhecia esse carinhoso toque. Era Milakanova, que vinha me chamar.

Acordei de pronto e sentei-me na beira da cama.

Estranhei inicialmente suas vestes. Estava ela coberta de luz muito clara; sua pele, mais alva, e sua aparência, ainda mais angelical. Sorria docemente a encantar-me.

Avistava nela agora, mais do que nunca, a verdadeira companheira.

Percebi que não mais nos reencontrávamos, mas estávamos perto do ninho eterno a nós destinado; encontrávamo-nos e sentíamos o verdadeiro amor. Tentei esboçar um sorriso mais profundo, porém ainda não conseguia. Percebendo minha fragilidade, ela me disse:

— Alexander querido, ore a Deus com a fé que o trouxe aqui e peça-lhe a restauração das energias. Erga sua cabeça para o Pai como fazíamos quando na Terra, e peça-Lhe forças, pois não só a vida não acabou, mas o trabalho também não. Temos muito que fazer. Tens muito a quem ajudar. Não esqueçamos que agora podemos, com mais facilidade, amar o próximo. Esforce-se em recuperar suas forças. A luta ainda não acabou. Temos ainda que vencer a guerra com amor, em nome de Deus.

Compreendia intimamente o que aquela santa mulher dizia, e esforçava-me em recuperar-me, através de súplicas calorosas ao Pai Eterno.

Foi então que, como na Terra, Milakanova aplicou-me um passe divino, repleto de amor e luz; tornando-me mais lúcido. Após ele, pude trocar com ela palavras e carinhosos afetos.

Foi então que, vendo-me melhor, disse-me:

— Antes que se preocupe, posso lhe dizer que todos estão bem. Todos os que estavam na reunião adentraram com certa facilidade o mundo dos espíritos. Fazem-se alguns socorros a outras pessoas, mas poucas almas que habitavam a vila. Todos em breve estarão fortes e recuperados como você, e decerto prontos ao labor, em nome de Jesus.

Parou por alguns instantes, e continuou em seguida:

— Venho apenas lhe informar que tem de obrar na ajuda de alguns de seus amigos. Sabe e conhece bem o procedimento espiritual, Alexander. Já trabalhou muito encarnado, e agora Deus o chama para ser um de seus servos. Não recuse a proposta e mais essa oportunidade do Pai. Não deixe o desânimo abatê-lo. Saiba que essa guerra nefasta, provocada por homens rudes, traz inúmeros desencarnados todos os dias requerendo cooperação de todos. Todos os espíritos têm de se esforçar para auxiliar os novos irmãos que adentram este mundo. Por isso, já lhe é conferida a missão de colaborar na desencarnação de dois de seus amigos, os irmãos Petterson e Roboels. Não os deixe sem alento. Crie forças e reaja, pois isso você pode fazer.

Estava mais animado, e não parecia mais abatido. Aquelas palavras fortificavam-me.

— Devo dizer-lhe, Alexander, que estou designada a outros trabalhos, em outra esfera. Faz parte da mesma colônia espiritual que habitamos, e por ora temos que nos separar. Tem ainda que evoluir um pouco mais, meu querido, a fim de podermos estar no mesmo plano. E isso é o que lhe peço, para que fiquemos em nosso ninho de amor, eternamente juntos. Levante-se, reaja e lute com toda sua fé. Saiba também que poderemos nos encontrar mensalmente e passarmos algumas horas lado a lado.

Aquilo me desanimou um pouco; contudo, em rápidos segundos reagi, reconhecendo que só com o labor subiria a escada para chegar ao degrau em que se situava Milakanova. A escada que nos direcionaria ao Pai Maior.

Não consegui esmorecer.

Jamais desistiria.

Devia muito a ela e a muitos outros.

Tinha muito que fazer para os que muito me ajudaram.

Não deixaria Petterson e Roboels sem meu amparo fraternal.

Era duro admitir a separação momentânea de Milakanova, entretanto o meu coração chamava-me à solidariedade. Aprendi muito a amar o próximo, e sabia que esse era o único caminho para alcançar minha alma gêmea, pois o tempo é apenas pequena fração perto da eternidade.

XX

Um amigo, um irmão

Trocávamos as últimas considerações, eu e Milakanova, quando recebemos mais uma graça do Pai Celestial. Foi derramada sobre nós luz rosada com um leve som musical. Sabíamos que era hora de ela partir e, por intermédio daquela sublime caridade do Eterno, desapareceu lentamente minha companheira, levando em seu coração todo meu amor e a promessa de que muito lutaria por alcançá-la. Como não poderia ser diferente, deixou-me seu profundo olhar carinhoso. Seu sorriso amoroso que penetrava dentro d'alma aconchegando meu ser e fortificando, ainda mais, minha esperança de que, em futuro breve, tornar-nos-íamos uma só luz.

Nesse instante, pedi a Deus que toda Sua misericórdia fosse estendida àquele espírito de luz, e que guardasse Milakanova para todo o sempre. Também não pude deixar de pedir-lhe o perdão e a fé maior, para empenhar-me em minhas novas tarefas, a fim de que eu retirasse antigos véus e abrisse novas cortinas à Luz Eterna.

Passaram-se doze dias, em que fui auxiliado por vários companheiros do Grupo Fé, Amor e Prece, além de outros abnegados servos de Deus.

Meu mentor, o sr. Monsued, o sr. Alfred e o Irmão Marcus talhavam-me ensinamentos maiores, a fim de que pudesse participar dos novos grupos de socorros espirituais ante aos prematuros desencarnes daquela guerra horrenda.

Tinha eu muita facilidade em aprender. Primeiro porque estava empenhado em utilizar toda minha perseverança em ajudar o próximo. Segundo porque o Espiritismo praticado na humilde vila que habitei facilitava-me a compreensão.

Ouvi de meu pai, um dia, o seguinte dizer:

— Todo aquele que usa o Espiritismo como aspirante a tentar ser um cristão envolve-se em laços fluídicos de muita luz e recebe do Alto grandes possibilidades e estrelas de benemérito. Trabalhar como espírita requer o espírito cristão. Todos que assim o fazem logo conseguem oportunidade de trabalho em nossa esfera, a procura da evolução espiritual maior.

Não era diferente comigo. Esforçara-me na Terra em aprendê-lo, mas havia aprendido com todos com quem convivi que não bastava conhecê-lo, ou até mesmo executá-lo; essa prática tinha que ser com o coração cristão. Por isso, conseguira absorver os novos ensinos, agora no mundo do além-túmulo, com extrema facilidade e, tenham certeza, com mais amor cristão.

Estava pronto para as tarefas de socorro. Partiria dentro de dois dias com três abnegados irmãos, para que encaminhássemos seis homens às vésperas da desencarnação, em transporte seguro, até o Jardim da Esperança. Entre eles, estariam meus amigos Petterson e Roboels. Havia me enturmado com rapidez com os três abnegados operários do bem, os Irmãos Miguel, Vicenzo e Péricles.

Antes de partirmos, recebi uma profunda lição do Irmão Marcus. Estávamos em conversa despretensiosa, e assim disse-me ele ao desejar sucesso na função laborativa:

— Alexander, estamos todos aqui reunidos em nome de Deus, a ensinar Cristo. Aprendi muito com as experiências de minhas encarnações passadas. No entanto, quando vivenciei a época do cristianismo, absorvi conhecimento de um irmão muito superior que assim me falou: "Nunca se esqueça, filho, com uma pequena flor de um jardim podemos tornar um inimigo no mais puro e grandioso espírito do Reino do Pai, e, conseqüentemente, em nosso poderoso amigo, aliado".

Aprendia muito com todos no Jardim da Esperança. Também descobri que vários daqueles sublimes espíritos possuíam outra moradia na mesma colônia espiritual, em esferas mais elevadas; contudo, permaneciam naquele santo jardim com um só intuito: colaborar, ensinar, praticar o amor ao próximo como Jesus fez e faz por nós, todos os dias.

Após profundas lições de humildade, partimos, nós quatro, sabendo que os irmãos a serem socorridos não eram rudes. Ao contrário, vários possuíam compreensão da imortalidade da alma, e um era de envergadura suprema dentro do Reino de Deus.

Estava disposto a transmitir a todos as flores do amor e da fé de dentro de meu coração, sendo eles amigos ou inimigos, como um cristão deve agir.

Oramos e fomos.

Estaríamos por uma semana em trabalho ativo e descansaríamos em postos de socorro espiritual de ordem menos elevada.

Durante toda essa semana aprendi muito mais sobre a dor que a guerra provoca. Nos humildes centros de socorro, trocava impressões com abnegados irmãos espirituais e também com alguns sofredores, recém-desencarnados. Todos detinham as preocupações nas famílias que ficavam. Era extremamente doloroso seu estado psíquico, e complicado, para nós, implantar-lhes o amor de Deus e os ensinos de Jesus. Afinal, atinham-se a preocupações materiais, e não conseguiam avistar o Grande Céu que agora habitavam.

A guerra traz diversas conseqüências execrandas, mas a pior é a de trancafiar o coração do homem em preocupações mesquinhas e materiais, escondendo-lhe a verdadeira cor do Céu do Pai.

Socorremos primeiro os quatro irmãos que não conhecia. Todos mostravam-se humildes espíritos. Apesar de estonteados com a viagem, conseguiram ser conduzidos, por nós, ao Jardim da Esperança, aos leitos do hospital.

Iriam ser preparados espiritualmente; seriam ensinados das novas condições da vida dos espíritos. Tratados por médicos espirituais e acompanhados às câmaras de retificação espiritual, onde receberiam nova luz e energia, com a limpeza das substâncias impuras de seus aparelhos perispirituais.

Chegando perto dos últimos dias de nossa missão, sendo a minha a primeira como espírito, iríamos auxiliar o desencarne de Roboels, e depois do dr. Petterson, em dia imediato.

Consegui perceber que Roboels estava no campo de batalha, isto é, havia sido transferido do segundo contingente militar, assim como eu, para o *front*.

Isso deu-se por terem as forças soviéticas encontrado pouca resistência alemã, e os mortos e prisioneiros alemães feitos aos montes.

A retomada soviética se espalhava como peste extremamente contagiosa. Não menos cruéis que os alemães, usavam da ignorância e prepotência para torturar e matar os soldados e prisioneiros.

Faziam tudo em nome da "guerra patriótica", ou seja, para salvarem sua revolução. Assim como Hitler, queriam poder e supremacia, e não se importavam com nenhum cidadão, do mesmo povo ou inimigo. Como Hitler e seus ideais, queriam também os líderes do exército vermelho espalhar sangue em nome de um comunismo ineficaz, tudo para mostrar força ao inimigo capitalista da América do Norte, os Estados Unidos.

Enquanto um se desculpava das terríveis catástrofes que cometia em nome da imponência de uma raça, os outros utilizavam a desculpa da supremacia de um sistema político, o comunismo.

Roboels estava prestes a ser fuzilado por outros soldados, os soviéticos.

Aproximamos do prisioneiro que iria ser morto covardemente.

Infiltrei-lhe passes de reconforto e coragem.

De início, seus pensamentos fugiam à realidade. O medo, o ódio e a preocupação com as três filhas que estavam sozinhas na Alemanha assolavam-lhe a alma.

Através da fé e preces calorosas conseguimos penetrar no coração de Roboels, tranqüilizando-o com as palavras de Jesus.

Fizemo-lo lembrar-se do calvário doloroso do Mestre e sua covarde crucificação.

Assim, segundos antes da fatalidade, meu amigo querido começou a orar a Cristo.

Pudemos receber nesse momento uma poderosa luz, a qual nos fortificou em energia; e no instante da passagem ao sepulcro, Roboels pôde segurar em minha mão.

Desligou-se do corpo com facilidade e esboçou-me sorriso reconfortante.

Levamo-lo rapidamente ao Jardim da Esperança, e lá me disse, ainda em meio a sua forte tontura:

— Minhas filhas...

Respondi-lhe como cristão:

— Eu olharei por elas até que você convalesça. Por ora, amigo, descanse e preocupe-se em recuperar-se logo, pois o exército de Deus precisa tê-lo pronto para a luta, com armas dos ensinos de Jesus para todos os seus soldados.

Dormiu Roboels em leito confortável.

Não conseguia emocionar-me com lágrimas de perda, ou de dor. Somente com preces carinhosas ao meu amigo querido, que agora se tornava meu verdadeiro irmão.

Tínhamos muito que fazer no desencarne de Roboels, mas preparava-me para buscar Petterson.

Trilhávamos em dia imediato à busca, à proteção de nosso último pupilo dessa carinhosa missão espiritual.

Preparava-me para transportar nosso tutelado também como forma de agradecer-lhe pelo muito que me deu quando encarnado.

Suas palavras humildes e calorosas levaram-me ao Espiritismo e, conseqüentemente, aproximaram-me mais do cristianismo. Com elas, reconhecia ter Deus diversos emissários, e por elas agarrava-me na estrada iluminada de Jesus.

Nós quatro – eu, Miguel, Vicenzo e Péricles – adentrávamos o acampamento do segundo contingente militar. Havia se tornado um pequeno campo de apoio. Não encontrava o capitão Gherard, nem outros conhecidos, apenas avistava muitos feridos no ambulatório, várias enfermeiras e vários médicos; entre eles, o abnegado e incansável cristão Petterson.

Percebi que havia diversos espíritos protetores e socorristas, assim como quando da última reunião da casa de dona Sabrina. Então, logo concluí que a desencarnação seria em massa ou, como queiram, coletiva.

Em poucos minutos notamos o barulho de aviões de guerra. Faziam o mesmo zunido do dia de meu desencarne. Não demorou muito e também fizeram como naquele dia: lançaram as bombas do ódio.

Estávamos próximos do dr. Petterson. Igual ao meu desenlace, após grande estampido e sem nenhuma dor, estendi minhas mãos ao irmão Petterson, que as segurou com um sublime sorriso. Sem esperarmos, fomos atingidos por clarão tão forte de luz amarelada e rosa que mal conseguíamos enxergar. Em meio àquela luminosidade, uma voz muito serena falou: "Venha, Petterson".

Naquele instante, o médico transfigurou-se em luz resplandecente e divina. Espalhava seus riscos de luz a todos e parecia que atingia a todo o mundo.

Era o desencarnado de envergadura maior. Bem o merecia, pois até aquele momento eu nunca havia deparado com espírito tão cristão, tão divino. A luz que recebia e a calorosa saudação em sua viagem era o prêmio de Deus a alma tão pura em praticar o amor ao próximo. Descobrira eu em Roboels um amigo, um irmão; e em Petterson a luz protetora que me protegeu, e seguir-me-ia para todo o sempre.

Não consegui deixar de me emocionar. Chorei. Ajoelhei-me diante desse humilde servo de Deus, que, antes de partir para o mundo dos Elevados, orou com voz angelical:

Pai Todo-Poderoso,
Concede-me hoje Seu amor,
Abraça-me com honrarias que ainda não mereço,
Vibra-me com extenuantes energias divinais,
Resplandece-me com o som e a luz de Seu Reino;

Mas Pai, bondoso Criador,
Enxugue minhas lágrimas de gratidão,
E as faça se tornar a luz da compreensão
A todos os que precisam de Seu amparo;

Pai,
Que concedeu-me o andar superior,
Não deixe que eu pare de olhar para baixo

Com os olhos do amor e da caridade;
Continue a permitir-me, Deus,
Que cure os falidos do corpo e da alma,
Que busque a cura do câncer que abrange o centro da humanidade,
Que aplique as injeções da paz;

Senhor Maior,
Faça-me ainda pequeno
Para continuar avistando os doentes da clínica;
Que vista o avental dos médicos abnegados
E faça erguer a Suas determinações aos homens sem coração;

Faça de mim, Pai,
Seu eterno servo
A fim de consolar todos,
Desde o aflito até o desesperado;

Mas, Pai, hoje subi,
Subo agradecendo
Não Lhe peço mais do que a luz que ganho;
Entretanto, Eterno Criador,
Quero reparti-la com todos os que me proporcionaram esse privilégio,
Com todos os que aqui devem estar comigo;

Senhor, meu coração aumenta em gratidão,
E com certeza quer receber mais irmãos;
Por isso, Pai, digo-Lhe
Que não preciso só da luz,
E sim, também, de mais compreensão;

Sou humilde, Deus,
Mas sou deficitário
De mais labor ao próximo,

Pois sei que Seu filho maior é nosso eterno Mestre,

E muito ainda tenho que caminhar em Sua trilha cristã e amorosa;

Pai, que esta luz a qual recebo
Se expanda a todos e para todos
Com meu amor, meu carinho,
E que todos tenham paz ante as guerras,
Amor para praticar a caridade
E verdade para serem cristãos.

Estávamos em choro e comoção profunda. Aquela sublime luz se foi para o grande Céu de Deus, deixando-nos mais humildade e a certeza de que com amor, fé e caridade poderemos um dia, muito longínquo, alcançá-la.

XXI

Cargo sublime

Voltamos ao Jardim da Esperança, ainda profundamente emocionados com a majestosidade da justiça de Deus.

Petterson fora um grande homem, um grande médico, um cristão. Sua encarnação é louvável e foi assim que o Pai considerou.

Levou-o para seu Mundo Maior, onde somente aqueles que falam por Jesus, amam como o Mestre, agem como Cristo conseguem alcançar.

Suas derradeiras palavras em comovida oração emocionaram-nos diante de dizeres tão simples.

Sua humildade encantava-nos mesmo na hora do adeus.

A prece em rogativa a seus doentes, a seus amigos, a todos os que sofrem. O pedido ao Pai, a fim de poder continuar auxiliando os da Terra, mesmo diante da sua superior envergadura espiritual, fortificava-nos a fé. Mostrava-nos que a caridade despretensiosa e sem ostentação é a que devemos praticar.

O cristianismo particular do Irmão Petterson elucidava-nos sobre respeito, moral e aceitação às determinações do Pai.

A luz do irmão amigo indicava-nos o caminho que devemos seguir, o da humildade, caridade e amor ao próximo.

Senti-me feliz em saber que em meio a tantas injustiças terrestres, o médico dedicado de Berlim consagrou-se por receber a justiça do Eterno.

Os homens, em sua maioria, compilam-se a entendimentos pequenos e mesquinhos. Uns julgam, outros querem julgar, mas poucos se julgam. Caminhar nas veredas do amor cristão requer sacrifícios, entre eles o da aceitação. Sujeitar-se a alguns caprichos inferiores de homens que julgam possuir o poder não é covardia, e sim ato de coragem, pois quem assim faz aplica a fé na única justiça, a de Deus. Submete-se ao único Poder, justo, sublime e que orienta: o do Pai.

O começo de 1942 passava com rapidez inesperada.

Continuava eu a aprender e dedicar-me ao próximo em diversos trabalhos socorristas.

Descansava poucas horas por dia, recebia muita instrução dos queridos irmãos do Grupo Fé, Amor e Prece.

Um dia, sem esperar, recebi a visita de dona Sabrina, que, assim como eu, ficou emocionada. Possuía ela permissão, como Milakanova, Geórgia e Jhohanson, de viver em esferas superiores; mesmo assim, veio auxiliar-me e aconselhar.

Disse-me e explicou mais a fundo a história do grupo espiritual, já referido, com as palavras doces e sinceras que procurarei aqui resumir.

Falou-me ser esse grupo pertencente à colônia espiritual que habitávamos. Ele e os outros estavam em esferas superiores da mesma colônia. O Jardim da Esperança também fazia parte dela, tendo função de pronto-socorro e abrigo temporário. Os irmãos do Grupo Fé, Amor e Prece eram rigorosamente preparados e treinados para trabalhar com os encarnados, por meio do Espiritismo e da mediunidade. Em vários pontos da Europa atuavam, às vezes com nomes diferentes, assim como na América do Sul. Nesse continente fundaram uma colônia havia aproximadamente trezentos anos, no país chamado Brasil. Faziam intercâmbio entre os espíritos das colônias para que todos pudessem aprender; uns tecnologicamente, com humildade, amor, caridade; outros, com o não orgulho, a não prepotência, etc., pelas várias encarnações nos dois continentes.

Disse-me também que esse grupo era apenas um núcleo, uma das formas de trabalho da colônia, da qual todos nós fazíamos parte. Contou-me que Milakanova, ela e o sr. Jhohanson trabalhavam em outro setor.

Conversamos animadamente por algumas horas, quando então nos separamos. Prometeu ela que voltaria a me ver e mandou-me carinhoso recado de minha companheira espiritual.

Estava findando o inverno de 1942 quando fui surpreendido com um convite do Irmão Marcus, que assim falou-me:

— Alexander, está convocado para a assembléia de amanhã à tarde, às dezesseis horas, no salão de reuniões extraordinárias para receber alguns avisos e instruções, além ....

Parou de falar e não quis mais comentar o assunto.

No dia imediato, e em horário pontual, como sempre, adentrei o salão, onde pude reparar que estava sendo preparada uma pequena solenidade humilde.

Foi humilde, mas sublime, e com muitas luzes despejadas pelo Alto.

Tive a grata felicidade de receber com muita honra o cargo de integrante e trabalhador ativo do Grupo Fé, Amor e Prece.

Começaria minhas atividades na Europa, mas, finda a guerra, eu a trocaria pela América do Sul, mais precisamente pelo Brasil.

Cansei em emoção e choro.

Recebi a notícia e presenciei a solenidade do sr. Monsued, antigo espírito protetor, quando na última encarnação como presidente desse grupo.

O sr. Monsued, por beneméritos e em especial por sua útil e santa missão de anjo protetor completista, conseguiu esse posto divino, o de presidente do Grupo Fé, Amor e Prece. Coordenaria todos os labores desse Grupo, coisa que ainda hoje faz.

A solenidade simples e emocionante trouxe a mim, e principalmente a meu abnegado espírito protetor, a certeza de que Deus é muito grande, e Jesus, nosso eterno professor.

O discurso de posse do Irmão Monsued, longe das preleções de aranzel, como se costuma fazer na Terra, foi rápido e teve como ilação as seguintes palavras:

— ...não creio que seja o mais sábio e perfeito espírito a receber tão gloriosa posição, mas tenham certeza de que, com humildade e fé, trabalharei como coordenador máximo neste sublime cargo. Ao mais, agradeço a Deus, ao Mestre e a todos vocês, queridos irmãos, que se não tivessem colaborado comigo não teria sido possível completar a importante e árdua missão de "anjo protetor". Divido esse cargo com todos, assim como a luz que o céu ora em mim derrama. E, assim como Jesus, sabemos que a trilha é longa, e, para que a percorramos, temos que caminhar e trabalhar. Por isso, desde já, convido-os para que laboremos como pequenos operários do Pai.

Sem delongas, chamou alguns, formou assessores e outros coordenadores e partiu ao trabalho, como bom samaritano, como o humilde trabalhador da última hora.

O Irmão Monsued é exemplo de força, dedicação e amor ao Pai. Nunca esqueci seu gesto bravio e corajoso de encarar o trabalho. Jamais esquecerei seus eternos consolos, sua eterna proteção de quando era meu mentor espiritual quando encarnado.

Continuava a evolução amando sempre Milakanova...

Havia sido incessantemente treinado para o trabalho de irmão do Grupo Fé, Amor e Prece. Sentia-me apto ao serviço, desejara intimamente ajudar o próximo.

No entanto, precisava cumprir algumas promessas, como cuidar das filhas de Roboels espiritualmente, além de ajudar na instituição e no auxílio de minha mãe.

Foi então que recebi com muita felicidade a permissão para voltar à Alemanha.

Fui acompanhado de um grande amigo que fiz na espiritualidade e quando ao fim da guerra. Este, também, me acompanharia na vinda à colônia do Brasil, o irmão e querido companheiro Cezar.

Não pude demorar-me muito no país natal de minha última encarnação; todavia, não deixei de ministrar o auxílio espiritual às três filhas de Roboels, bem como à minha mãe e à instituição. As crianças estavam bem-cuidadas e pareciam felizes. O que mamãe havia me passado em sonho era a pura realidade.

O povo alemão parecia abatido, mas as cidades ainda continuavam em pé, e seus governantes ainda insistiam em respirar o ar da arrogância.

XXII

Algum tempo depois

Minha mãe havia assumido por completo a direção da instituição. A experiência com o Espiritismo trouxe para seu coração veredas sublimes. Acalmou-o. Despertou-lhe o interesse por trabalhos edificantes. Aqueles trabalhos realizados com caridade pura. Não volvidos à ostentação. Dona Ruth e o sr. Deingels direcionavam mamãe corretamente em seus labores pelos ensinos que lhe proporcionavam pela doutrina de Kardec. Dona Elisabeth havia estudado uma boa parte das obras do Codificador, em especial *O Livro dos Espíritos* e *O Livro dos Médiuns*. Com seu coração distante do remorso perante meu avô, e com a tranqüilidade para administrar, educar, e principalmente orientar as crianças da instituição, seu espírito começava a voar em alturas superiores.

Também Pierre continuava como meu braço direito na casa social. Fiel e bom amigo como sempre, raro era o dia em que não ia à instituição, desde minha partida para a guerra. Desde os tempos da faculdade, sonhávamos em ser boas pessoas, e Pierre estava realizando seu sonho. Ao mais, eu agora no mundo dos espíritos conseguia lembrar as vidas pretéritas daqueles que me circundaram nesta última encarnação. Quanto a Pierre, longe iam os tempos de nossa amizade. Séculos atrás carregávamos juntos, como irmãos de sangue, os fardos deixados por nosso pai. Já mais recente estudamos com mesmos professores, e elaboramos, novamente em conjunto, projeto arquitetônico de um castelo na região da Bavária, atual Alemanha. Munit também não havia me virado as costas. A pedido de Pierre, trouxe seus conhecimentos médicos, sempre gratuitos, para a assistência social, desde o momento de minha partida para a guerra.

Os leitores mais observadores devem estar notando que, a partir do momento em que abracei os estudos da doutrina espírita, passei a compreender a justiça de Deus, Sua lei de ação e reação; não escrevo mais "guerra horrível" ou "guerra execranda". Não porque a guerra seja boa, mas por ter ela me aberto a oportunidade de entender melhor a razão de nossas existências, através do Espiritismo a mim ministrado por Petterson e pelos habitantes da vila. Também por ter sido através dela que reencontrei Milakanova, o amor de minha vida, e abri para mim mesmo uma nova porta para entrar no Reino de Deus. Então, apesar de sempre desaprovar as guerras, digo-lhes apenas que soube aproveitar suas funestas conseqüências, em contrapartida a minha evolução espiritual. É como dizem: quando uma porta lhe é fechada na vida terrestre, Deus abre-nos inúmeras outras; basta que saibamos aproveitar a oportunidade.

Queridos irmãos, ser feliz é viver com fé. Amar o próximo. Respeitar os desígnios de Deus. Orar com amor e perseverança. Praticar caridade. Agradecer todos os dias pela bendita vida ou reencarnação.

Até quase o final da Segunda Guerra Mundial, a Alemanha não havia sido invadida. Porém, perto de seu final, os bombardeios foram constantes. Assim como a tomada dos territórios ocupados pelos alemães, e também seus próprios limites territoriais. A fome começou a alastrar-se em todos os níveis sociais. Não fazia distinção entre ricos e pobres, principalmente porque não encontravam alimentos para serem adquiridos, qualquer que fosse o preço. Farinha, água, sal e açúcar eram o que os alemães, mais abastados ou menos, comiam no fim da Segunda Guerra.

Eu já estava no Grupo Fé, Amor e Prece do Brasil, localizado no atual Estado de Santa Catarina, treinado e apto a escrever, intuir os médiuns encarnados em seus trabalhos sem ostentação.

Na Alemanha, por providência divina, a instituição de crianças carentes foi poupada de ser destruída pelos ataques aéreos dos aliados. Nas visitas que lhes fazia, consegui influenciar mamãe e Pierre a comprarem terras no Brasil, mais precisamente na atual cidade de Blumenau. Através da mediunidade de dona Ruth, psicografei mensagem com tal objetivo. Como a dificuldade era grande, e as crianças já estavam mais crescidas, a mais nova com sete anos de idade, fui prontamente atendido por Elisabeth e meu fiel amigo.

No Brasil, as crianças cresceram e tiveram oportunidades iguais em estudo com nível social alto. No país de origem, a fome e os recursos financeiros que estavam se esgotando teriam prejudicado seu futuro. Além disso, simpatizei muito com o Brasil. Tudo de material era atrasado em relação à Alemanha, mas a natureza e o calor humano eram vantagens preciosas deste povo sul-americano.

Instalados no Brasil mamãe, Pierre, alguns outros amigos, voluntários e todas as crianças, a vida tomou para todos um novo rumo. O menino Akibauê tornou-se farmacêutico na região de Curitiba. Outros, comerciantes lá mesmo, em Blumenau. Alguns, trabalhando na política. As moças, governantas e tradutoras da língua alemã. Algumas inclusive ganhavam dinheiro ensinando o idioma. Todas elas se casaram e constituíram família. Os meninos e meninas com problemas de ordem mental continuaram a ser cuidados pelos voluntários, amigos e mamãe. E, quando estes faleceram, os que ainda estavam vivos foram cuidados pelas antigas crianças da instituição.

Meus trabalhos não cessavam; tinha agora que intuir Franz, antigo membro da instituição que se formara engenheiro mecânico e laborava em São Paulo. Passo agora a contar um pouco da vida desse alemão órfão, que fez fortuna no Brasil, criando uma das maiores empresas de máquinas para fabricação de peças, cuja marca reservo-me o direito de não revelar pela razão de ainda existir, e seus familiares poderem não gostar. A privacidade é um direito constitucional brasileiro. E esse alemão a que me refiro se tornou um ilustre cidadão brasileiro.

Lembrando sempre que meus serviços diários começavam às cinco da manhã e findavam à meia-noite. Nesse entretempo, poucas vezes ao ano conseguia encontrar-me com Milakanova. Por isso, cada minuto de minha vida espiritual empregava em minha evolução. Precisava muito angariar recursos nobres ao meu espírito, para que na próxima encarnação não falhasse, e conseguisse chegar ao patamar espiritual de minha amada. Por isso, digo-lhes que cada minuto na vida de encarnado é de importância ímpar. Devemos preenchê-los com coisas úteis. Nada de comentários infelizes, pensamentos mesquinhos, vaidade, luxúria...

Devemos fazer com que nosso grande computador – o cérebro – seja influenciado pelo nosso espírito a buscar conhecimentos nobres, e atuar de acordo com os mandamentos de Deus. Coloquemos dentro dele a boa leitura, música, bons filmes, etc. Afastemo-nos de festas improdutivas, conversas fúteis, quando não podemos auxiliar. Compreendamos os familiares e amigos. Respeitemos a lei, os mais velhos, as crianças, a família, os professores. Cada minuto dirigido ao seu progresso é instante de ajuda mútua que podemos dar à evolução da humanidade. Contribuindo com a humanidade, estamos fazendo isso a Deus, pois Ele é o Criador.

Queridos leitores, o ser dócil é aquele que com suas próprias atitudes pode passar carinho em forma de palavras; respeito por meio de atenção; caridade como remédio aos doentes; bondade como resgate do moribundo; esteio com o recanto agradável ao repouso; alimento com o pão repartido; ensinamentos pelos sacrifícios, pelo perdão e pela fé viva.

XXIII

A indústria de Franz

Passados mais alguns anos, encontramos Franz com título de doutor em engenharia mecânica, pela mesma universidade que cursei, a de Berlim. Graduou-se no Brasil, na Universidade de São Paulo, mas aperfeiçoou-se na Alemanha. Rapaz de grandes virtudes e nobre coração. O estudo era a forma que encontrava para conseguir praticar a caridade também com as crianças necessitadas. Seu fulcro maior, observado em suas preces, era o de construir uma instituição beneficente, maior ainda em número de crianças que a minha. Franz era médium nato, de excelente qualidade psicográfica.

Como estava bem preparado em meus serviços espirituais para atuar com os médiuns da Terra, não lhe era difícil transmitir os desígnios Superiores. A mediunidade é extensiva a todo e qualquer encarnado. Uns a desenvolvem com mais facilidade que outros. Alguns a demonstram na forma intuitiva, psicográfica, de vidência, etc. Entretanto, aquele homem alemão de coração brasileiro, freqüentador assíduo de um centro espírita na cidade de São Paulo, onde morava, desenvolvia todos os dias mais e mais suas aptidões mediúnicas. Graças a Petterson, em primeiro lugar, depois aos habitantes da vila russa, e, claro, a Deus sempre, coloquei-me na doutrina espírita, transmiti o desejo que minha mãe acolhesse a mesma codificação de Kardec, sendo prontamente atendido. Mamãe repassou os mesmos ensinos e meus desejos íntimos a meus amigos, voluntários e crianças da instituição. A avalanche do Bem espalhava-se em nome de Deus. Essa corrente estendia-se até Franz, que utilizava da mediunidade para fins nobres. Sempre preocupando-se em tentar ser um pequeno servo do Pai.

Queridos irmãos, a mediunidade é instituto da Providência Divina. Deverá ser realizada com respeito, dignidade, pontualidade e dedicação. Irmãos médiuns, a mediunidade é pão, e não ganha-pão. É o pão, ou pedaço de pão que Deus nos permite transmitir. Seus desígnios, Suas determinações. É forma de passarmos amor e paz dos ensinos de Jesus sempre gratuitamente, pois só assim poderemos ressarcir dívidas e atrasos espirituais. Que hoje e sempre o dever de servir ao próximo, por intermédio da mediunidade, prevaleça acima qualquer egoísmo e vaidade do médium.

Franz sabia muito bem que não era o verdadeiro autor das mensagens espirituais que recebia.

Em pouco tempo de trabalho, com os recursos que vinham de minha mãe, bem como a orientação de Pierre, aquele homem construiu uma indústria de maquinário.

Mais adiante, formou um conglomerado industrial, constituiu família, jamais esquecendo de onde veio. Auxiliou mamãe até o final de sua vida, ampliou a instituição, fundou outras pelo país. Participou ativamente no ministério de um dos governos do Brasil.

Lembro-me bem de como tratava os diretores de sua indústria nas reuniões constantes que realizava:

— Bom dia a todos, amigos. Temos que organizar os trabalhos evitando a perda de exportações por falta de competitividade fiscal. Aceito idéias.

— Porém, como vamos vencer essas barreiras tributárias de nosso país? – falou-lhe um dos diretores, conhecido por Carlos.

— Não conseguimos exportar mais para a Europa. O Canadá e os Estados Unidos ganham sempre a concorrência – disse-lhe o vice-presidente, Menegatti.

Franz olhou para todos como de costume. A mesa das reuniões da diretoria era oval, com capacidade para trinta pessoas. Depois, sorriu. Aí, argüiu:

— Quando montei a primeira indústria que, era muito pequena, tinha concorrentes internos enormes, gigantes. Não me assustei. Criei diferenciais, elaborando máquinas mais modernas que as deles. Fiz os produtos finais serem mais eficazes e melhores. E o mais importante: com o maquinário que criei entregava as mercadorias na metade do tempo deles. Assim, ganhei o mercado interno. Só consegui exportar porque me adeqüei às regras internacionais. E, principalmente, fiz um produto melhor e mais barato que a concorrência. Assim, criei um império industrial. Não será uma barreira fiscal interna que impedirá minhas vendas externas. Os brasileiros costumam desculpar-se por qualquer dificuldade, culpando o governo. Na Alemanha, mesmo no tempo da guerra, a vida não parou. Finda esta, tivemos que reconstruir o país quase sem recursos. Sinto-me brasileiro, todavia sei que não coaduno com diversos modos de pensar deste povo. Não podemos, à primeira dificuldade, entregar os pontos e desistir da luta. Sabia que vocês iriam trazer o problema tributário como barreira máxima aos nossos novos objetivos expansionistas. Tenho aqui um desenho industrial, criado por mim e um de nossos melhores engenheiros mecânicos. É inovador e mais barato, pois utiliza matéria-prima reconstituída. Adaptem nossas máquinas a este novo *pull* de mercado. Já entrei com o pedido de patente e arrumei fornecedores. Peçam a nossos clientes que aguardem três meses para receber nossas mercadorias, digam a eles que comprem o mínimo de nossos concorrentes, pois iremos trazer um produto final mais barato e melhor. Meu pai (isso referindo-se a mim) não teria conseguido montar a instituição onde vivi até os dezenove anos se tivesse desistido perante qualquer dificuldade. Dou-lhes esses três meses para fazerem o que peço. Vou me ausentar para trabalhos com fins sociais. Depois, espero que não reclamem mais do governo, e procurem saídas inteligentes para as dificuldades de nosso complexo industrial. É para pensar diferencialmente dos outros que vocês são diretores nos mais variados departamentos destas empresas. Não lhes foi dado seu cargo para que digam: "Sou diretor ou diretora da empresa".

Franz terminou a reunião, sempre severo e determinado. Contudo, seu coração amava todos os que ali estavam.

Novamente, passado algum tempo, recebi a visita definitiva de minha mãe, que adentrava os portões do céu. No começo da terceira idade, fui brindado com um reencontro, prematuro, mas também definitivo de meu amigo Pierre. Ele contava cinqüenta e um anos quando desencarnou. Dona Elisabeth juntou-se a Alfred na colônia espiritual da Alemanha. Realmente, como Jesus dizia, "Fora da caridade não há salvação". Meu amigo espiritual Cezar, que veio comigo para a colônia do Brasil, tinha uma frase sobre a caridade que jamais esquecerei: "A corrente de ar refresca, da mesma forma que a caridade ilumina a alma".

No Jardim da Esperança, da colônia do Brasil, fazia sempre muitos e nobres amigos. Zefferino, um deles, escreveu certa vez em trabalho psicográfico de um médium, os seguintes dizeres:

— "No Jardim da Esperança, pequeninos cantam. Crianças aprendem, oram, cultivam o amor. Flores em suas variadas cores e perfumes resplandecem a natureza mais pura do amor de Deus. As plantas acariciam seus visitantes. A grama verde-púrpura é cama balsificante para os espíritos em tratamento de desventuras. O jardim, que mais parece um campo pela imensidão de luz e reconforto criado por permissão do Maior, é esperança àqueles que o adentram, pois lá encontram a verdadeira felicidade em forma de amor ao próximo".

As palavras de Franz dirigiam-me sempre gratificantes recordações. Seus bons pensamentos sobre minha pessoa despejavam bálsamos de luz em meu coração ainda pesado pelas perdas de oportunidades e faltas pretéritas, sequioso também de chegar ao nível espiritual de Milakanova. Todavia, meu trabalho com Franz não era difícil de ser realizado. Existia afinidade e respeito entre nós. É muito reconfortante estarmos no mundo dos espíritos e sabermos que existem pessoas que nos agradecem por uma ou outra pequena obra boa que realizamos. Por isso, devemos nos ater às atitudes que efetuamos todos os dias. Perdão, reconciliação, caridade são ações que freqüentemente devemos utilizar, e jamais esquecer. Reconciliação com os supostos adversários, antes, é desejo puro do coração; depois, é pedido de perdão e reconhecimento do erro. Não trabalhava somente com Franz, tinha que atuar com outros médiuns. Alguns causavam-me incansáveis perturbações. Outros eram infiéis aos horários.

Minhas crianças seguiam suas vidas. Meu pupilo industrial era médium assíduo. Um dia, na Bahia, em uma das casas sociais com que colaborava, perto de grande médium do país, psicografou Franz uma mensagem de sua mentora espiritual que comoveu a todos, inclusive a mim. Procuro agora transmitir com alguma precisão a mensagem que se intitulava "O murmurar de um coração".

"A jovem que aspirava pelo amor a Deus, em início de sua atividade religiosa na Terra, chegou à noite a seu quarto vinda da rua, onde estivera por caminhar durante todo dia.

Pela manhã, em viela estreita, encontrou o menino-criança a trabalhar como homem-adulto, no esfregar do chão e lavar das paredes do armazém. Em rua do centro, avistou um moço a carregar os pedregulhos, em forma de lixo, que lhe trariam mais à tarde a moeda a seu pão diário. Avistou também a mãe com seu bebê no colo em pleno sol do almoço a pedir o leite para seu rebento. Mais à frente, adentrou numa mercearia, de onde avistou, lá fora, alguns adolescentes a respirar a chaga da droga química, e ingerir o álcool da bebida que corrói. No final do dia, pôde perceber que os cidadãos passavam por eles sem quase, ou nada, notar. De quase ninguém esses irmãos chamavam a atenção. Poucos percebiam que eles precisavam de auxílio. A religiosa pôde notar, sim, que muitas pessoas que por eles passavam caminhavam com ostentação de quem detém o poder da verdade pelo ouro guardado em seus bolsos. Palmilhavam crentes de que suas moedas valiam mais do que suas próprias vidas, ou do que os irmãos que padeciam pelas ruas.

Dessa forma, em seu aposento à noite, se pôs a rezar ao Pai, questionando-o:

— Amado Deus, que faz os homens não tomar compaixão pelas necessidades de seus irmãos? Que pensam esses cidadãos do clamar de um coração de uma mãe, ou de uma criança?

Todavia, no fim de suas súplicas, um clarão interno, em forma de resposta, invadiu seu espírito e esclareceu suas mais íntimas interrogações, dizendo:

— Filha, aqui quem lhe fala é o anjo do alerta, do aconchego, da esperança, da fé e da caridade. Não faça de seus dizeres mais algumas palavras em vão. Alerta sua alma às lições do Cristo, e as escute. Entenderá daí o porquê de tantos sofrerem. Há os que sofrem da dor física, e outros da espiritual. Aí compreenderá que, para o mundo ser perfeito, todos deverão afastar de si o egoísmo e o orgulho. Um dia todos entenderão que o poder de Deus pode apagar qualquer mal. O bem, por Ele, vencerá, e o mal que ora triunfa é oportunidade para a redenção. O céu é escada a ser subida degrau por degrau, com amor e fé. A caridade é o alicerce, a mola propulsora a escalarmos essa escada. Irmã religiosa, o mundo vive pelo caminho que escolheu. Não adentremos nessa trilha de trevas. Sigamos Jesus. E verá que o amor superará o ódio, da mesma forma que a paz vencerá as guerras. Deixemos nossos corações murmurar pela felicidade que só encontraremos no Reino de Deus. Sua morada é grande, pode abrigar a todos. Filha, faça a caridade dentro do possível. Não julgue o homem que finge não ver o irmão derrotado, pois a justiça de Deus jamais falhará. Não condene, mas sim auxilie. O legado do Mestre não se deu por tesouros materiais, mas por suas ações em forma de exemplo. Os dizeres de Jesus nada mais são que as Leis de Deus, e estas hão de vencer. São luzes para o planeta Terra. Escute o apelo de seu coração, agora e sempre. Pratique o bem de todas as formas possíveis.

Assim, após ter compreendido o que o anjo intimamente lhe revelou, ela disse ao Pai do céu:

— Querido Senhor, já sei das verdades, já percebi as oportunidades; entretanto, necessito aprender e conhecer mais sobre a fé. Só dessa maneira, quando deparar com o murmurar de um coração aflito, o meu poderá responder à altura, com caridade, amparo, palavras religiosas de Jesus. Pai, faça-me sua serva para que eu possa voar atingindo a todos os corações que o Senhor determinar."

XXIV

Em busca de Milakanova

A indústria de Franz, mais que um potencial financeiro, era fonte de emanação do amor ensinado por Cristo. Grande parte de sua renda era revertida à caridade. Imponente intelectualmente, mas humilde em espírito e ações, Franz adentra o sepulcro no ano 2000, indo para esferas maiores. Sinto-me ainda privilegiado pelas preces que essa alma pura me dirigia quando encarnado, e abençoa-me, agora, no pós-túmulo. Sabia bem esse homem que a verdadeira felicidade não está na Terra. A felicidade real, a da alma, só encontramos no Reino dos Céus. Justamente quando na Terra cumprimos nossas provas e expiações, por meio da prática cristã. Essa deverá ser seguida para que nossas consciências se harmonizem com as energias do Reino de Deus. Só assim seremos realmente felizes.

Eu e Cezar, sempre juntos, trabalhávamos incessantemente para nossa evolução espiritual. Nos finais de noite, adentrando a madrugada, trocávamos impressões sobre nossas experiências diárias. Cezar, como eu, cuidava de transmitir ensinamentos, orientações, intuições e psicografias a médiuns, em desenvolvimento ou não, de várias regiões do Brasil. Certo dia, exaustos, dialogávamos assim:

— Que fez, então, para convencer a médium de que a senhora em questão estava acompanhada de seu pai desencarnado? – perguntei-lhe, não por curiosidade, porém, para aprendizado, caso um dia deparasse com situação similar.

Cezar havia me contado que já algum tempo trabalhava com uma médium na região de Blumenau. Ela fazia o Culto de Evangelho no Lar aberto a algumas pessoas. Uma dessas pessoas, mais precisamente uma senhora, estava sofrendo havia alguns meses de fortes dores de cabeça. Sem solução por meio dos remédios terrestres, insistia com a médium para que ministrasse seus passes espirituais. Estes aliviavam por ora. No entanto, seu pai desencarnado ligava-se a essa senhora por laços fluídicos, buscando energia vital, e objetivando, principalmente, o perdão da filha por atos que cometera contra ela em vida. Cezar, por meio da intuição, tentava alertar a médium para que ela instruísse a senhora sobre a presença de seu pai, que lhe rogava clemência. Intuitivamente, ele orientava a médium para que se possível a filha pudesse perdoar o pai do fundo do coração. Todavia, apesar de processo medianímico avançado, ela não era capaz de compreender a mensagem do benfeitor espiritual. Isso já passava de dois meses, e as dores de cabeça da mulher só aumentavam.

— Alexander – respondeu Cezar —, tive que estudar as possibilidades mediúnicas da sofredora. Logo depois, percebi que possuía raros processos medianímicos de vidência. Apliquei-lhe passes fluídicos, ajudando-a a formar uma tela na qual enxergou seu pai. Isso tudo no dia do Evangelho no Lar na casa da médium principal. Assim que viu seu falecido pai, em momento raro e único de vidência, deu um suspiro e grito alto, pondo-se a chorar em meio à reunião. Contou o que viu à presidente dos trabalhos evangélicos, que a partir daí começou a escutar minhas intuições sobre as necessidades do desencarnado. Como vê, Alexander, nossas tarefas com os médiuns são árduas.

— Concordo, Cezar. No entanto, mesmo havendo dificuldades de aceitação das orientações que passo aos médiuns, vejo muitos deles determinados a fazer o bem. Outros procuram ser criteriosos na avaliação das orientações, para não serem pegos de surpresa por espíritos mistificadores. Também existem aqueles que não querem ou têm medo de influenciar a mensagem que lhes propomos.

— Com certeza, meu amigo. Mediunidade é luz, cujo acordar, dia após dia, os faz lembrar os deveres que abraçam. Muitas vezes fardos duros e pesados. Devem acolher o doente da esquina. Precisam consolar o familiar sem destino, pacificar o chefe do labor. Necessitam orientar corretamente aqueles que pedem seus conselhos. Devem ter paciência e humildade extremas. São julgados mais ferozmente. Todavia, se tiverem fé, amor e prece em seus verbos encontrarão a luz no fim do túnel a lhes mostrar o caminho para o reino do Pai.

— É verdade – obtemperei. – Em seus corações e atitudes o mal sofrido deve ser pago com o bem. Devem oferecer a outra face àquele que lhe bater. Difícil tarefa!

— Lógico – aludiu Cezar.

Após pensar um segundo, continuou:

— Os sofrimentos têm que ser entendidos pelos médiuns como bênçãos caídas dos céus. Principalmente quando deles absorverem as lições e a verdadeira conotação espiritual do sofrimento. Devem saber que, como sofredores no hoje, serão os orientadores dos ensinos de Jesus no amanhã.

Em seguida à nova pausa, constante nos diálogos com Cezar, pois gostava muito de pensar antes de falar, voltou a ponderar meu amigo da espiritualidade:

— A maioria dos médiuns desenvolvidos tem esse atributo de Deus como provas em suas vidas. Através de suas aquiescências, tornam-se médiuns na Terra para suprir defeitos e reparar faltas passadas. Devem se ater à prática da caridade despretensiosa.

Interrompendo-o, fiz uma observação:

— Lembro sempre a meus assistidos, médiuns encarnados no atual desenvolvimento espiritual terrestre, que o benefício da prática da caridade sem recompensa será sempre maior para aquele que a realiza.

Afiançando minhas ponderações, voltou aludir meu grande amigo da espiritualidade:

— Dar sem o intuito de receber nada em troca é remédio à alma. É calma para o espírito e integração que o eleva aos Mundos Superiores.

— Meu mentor da última encarnação, o irmão Monsued, sempre me dizia que o coração cheio de amor a doar ao próximo sem espera de agradecimentos é recompensado pela paz e calma da consciência, muitas vezes nebulosa por atitudes infelizes que cometemos; conseqüentemente, luz espiritual.

— Concordo plenamente – afirmou Cezar.

Trocávamos quase todos os dias essas experiências instrutivas. Além disso, participávamos de cursos superiores, preparando-nos para próxima encarnação terrestre. Cezar pretende ser um advogado, em vida futura. Eu começo a inteirar-me da medicina. No entanto, sabemos que ainda temos muito que aguardar e aprender.

A noite estava em lua cheia. As estrelas brilhavam, piscantes, como acontecia quando de nossa última encarnação. Milakanova, que havia recebido permissão para visitar-me na colônia do Brasil, passeava comigo de mãos dadas pelo aqui também chamado Jardim da Esperança. Nele, como antes, renovávamos os votos de amor, bem como os de progresso. Desejava ardentemente chegar ao seu nível de evolução espiritual. Sabia agora quão grande era a distância entre nossos dois mundos do espaço. Não desanimava um só segundo, porém. No entanto, àquela alma pura e bela somente podia desejar mais luz. Prometia sempre esmerar-me para alcançá-la, mas estava munido de muita paciência. Nosso amor transcendia as distâncias que nos separavam. Muitas vezes, como na Terra, com os médiuns, conseguia ouvi-la falar sobre as orientações que deveria dar aos meus assistidos. Outras tantas vezes, conseguia, através da vidência, enxergá-la. E quando permitido ela vinha me visitar. Sempre renovando minhas esperanças, disse-me uma vez assim:

— Querido, o futuro é parte da nossa consciência. Orientação pelo nosso pedir. É o "bem" quando agimos pela verdade dos ensinos do Mestre. É "vitória" quando caminhamos pelas pegadas de Jesus. Alexander, te amei e te amarei para sempre...

Difíceis de serem reproduzidas as sublimes palavras de Milakanova. Perdi oportunidades em outras vidas de evoluir com ela. Não que devamos nos preocupar tanto com as vidas passadas. Ao contrário, devemos viver o hoje. Jesus já dizia que a cada dia basta o seu mal. Não devemos de maneira alguma ter curiosidade sobre nosso passado, salvo algumas complexas exceções. Descobri somente depois de desencarnado, e com permissão das esferas maiores, sobre os incidentes com Edward, da Inquisição religiosa, Roma, etc. Também só tive tal permissão para melhor elucidar este singelo livro.

Milakanova continuava cheia de luz. Eu, em constante busca do seu grau de evolução. Porém, minhas idéias e determinações nobres lutavam contra a guerra que eu mesmo criei para minha vida pelas faltas que outrora cometi. Lutar é o dever de todo soldado. Agora que sou um soldado de Deus, jamais irei desertar de qualquer batalha. Mesmo que tenhamos que fugir para fazer o bem ensinado por Jesus, saibamos que perante o céu seremos considerados os verdadeiros corajosos...

Contra o amor pode-se tudo. Há quem tente abatê-lo, derrubá-lo, difamá-lo. Sempre em vãos comportamentos frustados tenta o homem apagá-lo. Por isso, Jesus ensinou-nos a ver Deus por sua óptica, a face do amor. Com Ele, nossos ideais florescem, nossos corações se enchem de esperança, nossos verbos e atitudes se iluminam. Somente através do amor venceremos as batalhas contra a inferioridade. Com amor venceremos todo e qualquer tipo de guerra.

XXV

Como Vencer a Guerra Com Amor

"A Guerra e a Fé"

Homens, saibam que Deus os criou com o gérmen puro do mais belo poder, do mais salutar amor.

Então, qual é a guerra que mais os avassala? O que e o porquê da guerra?

Redundem em suas observações e responderão sempre em forma de dor: não sabemos; prepotência; busca de poder; necessidade das características atuais do novo mundo...

São infrutíferas todas essas respostas. Fundamentam-se na falta de compreensão das Verdades de Deus.

Irmãos, o maior e pior mal que a humanidade já adentrou é o das guerras.

Elas conjunturam diversas desgraças e as mais variadas inverdades.

São encontradas nos distúrbios do próprio íntimo, no verbo impensado, na ação indigna, no amor traiçoeiro, na não caridade.

Porém, homens, não lhes falo dessas guerras internas, mas das externas.

Aquelas de maior amplidão, que matam como o fogo destrói e arrastam aniquilando como as correntezas dos rios e suas cheias.

Essas são a expressão real do poder maligno daqueles que detêm o nocivo, a crueldade dentro de seus corações.

São os homens que abraçam o infortúnio, agarram as terras como se fossem vestes ou alimentos, que se julgam superiores pelo expandir de suas ações inferiores.

Filhos, eu lhes falo das guerras trinchadas por potências mundiais, isto é, pelas potências-países que dominam o mal e só este aplicam.

São aquelas que no fim do túnel só enxergam a escuridão e as trevas.

Que falam sombriamente, respiram o ódio e expiram a mentira.

Essa é a guerra considerada no céu como o mal avassalador das plantações de amor deixadas por Jesus enquanto na Terra esteve, e busca no anjo do mal seu alimento.

...

O soldado jovem estava no término da sua existência corporal.

Como que num instante divinal, deixou seu corpo airoso e transformou-se em alma de brancura imensa, após mais uma batalha da guerra bélica humana.

Nesse momento, deparou com duas cores, uma escura e outra bem alva.

A cor escura denominou-se A Guerra e chamou-o para perto de si, convidando-o a adentrar a porta sombria das trevas.

Tentou despertar-lhe o interesse oferecendo-lhe diversos subterfúgios inferiores como o sexo, a ganância e o poder.

A outra luz, clara como os ensinos de Jesus, procurou chamar-lhe a atenção e disse-lhe que não adentrasse aquela porta, pois, apesar de larga, era extremamente perniciosa.

O jovem, após alguns segundos de raciocínio, seguiu o caminho do archote e disse em voz bem clara e nítida:

— Cá estou, meu Pai.

Assim, como num gesto de extrema revolta, o anjo mau da guerra terrestre esbravejou perante a candura do soldado:

— *Como pode ter escolhido adentrar por essa estreita porta, se aqui disponho de todas as tentações que um jovem homem necessita?!*

E, como num gesto esplendorosamente angelical, respondeu-lhe a luz clara e alva:

— *O que você oferece não passa de mentira, corrupção e engano. Tenta a verdade que sabe ser a inverdade. Procura o abrigo, mas escolhe o perigo. Alimenta-se do ódio, da morte, da vingança. Esconde por trás de si o poder de alguns egoístas que aniquilam com a esperança, a felicidade, com os sonhos de homens, mulheres e milhões de famílias. Expande sua vontade pelo caminho nocivo das trevas, atinge milhares de inocentes e suas próximas gerações. Não quer reconhecer a derrota. Procura o armistício do demônio. Comete inúmeros pecados. Não enxerga a benevolência, mas abraça o infortúnio. Todavia, suprema dor, não é esse o principal motivo de este airoso espírito ter adentrado a Casa da Felicidade, mas sim por sua imensa fé. É a fé da sabedoria, da humildade, da verdade de quem avistou o horizonte e acreditou estar esse muito próximo. De quem confiou em Cristo. Orou pela caridade, buscou a verdade, ensinou pelo amor. Do espírito que, ao contrário de você, progrediu pela escada da indulgência, perdoou pela compreensão de que a perfeição só está em alguém: no Pai Eterno. De quem sabe que, com a humildade e servidão fiel aos compromissos dos mandamentos de Deus, o sol raiará com muita intensidade. Pelo homem que lutou com a paz transmitindo Cristo nas palavras e ações. Que assumiu o poder da inferioridade ao Maior, mas soube crescer com a caridade. De quem salvou-se pela estrada da vida bela, nas pegadas do sacrifício do Mestre. De quem hasteou a bandeira de Deus, ofertou a paz, denegriu o poder dos homens incréus, derrubou a mentira. Do espírito que com a persistência, a esperança chegou à fé inabalável de que o mundo e todos são obras de Deus, e a Ele devemos respeitar e servir.*

Lembremo-nos da parábola de Jesus sobre o bom samaritano (São Mateus, Cap. XXV, vv. 31 a 40):

"E quando o filho do homem vier em sua glória, e todos os santos anjos com ele, então se assentará no trono da sua glória;

E todas as nações serão reunidas diante dele, e apartará uns dos outros, como o pastor aparta dos bodes as ovelhas;

E porá as ovelhas à sua direita, mas os bodes à esquerda.

Então dirá o Rei aos que estiverem à sua direita:

— Vinde, benditos de meu Pai, possuí por herança o reino que vos está preparado desde a fundação do mundo. Porque tive fome, e destes-me de comer; tive sede, e destes-me de beber; era estrangeiro, e hospedastes-me; estava nu, e vestistes-me; adoeci, e visitastes-me; estive na prisão, e fostes ver-me.

Então os justos lhe responderão, dizendo:

— Senhor, quando te vimos com fome, e te demos de comer? Ou com sede, e te demos de beber? E quando te vimos enfermo, ou na prisão, e fomos ver-te?

E, respondendo o Rei, lhes dirá:

— Em verdade vos digo que, quando o fizestes a um destes meus pequeninos irmãos, a mim o fizestes".

A guerra, interna ou externa, seja qual for, nos proporciona muitas dificuldades e barreiras a transpor. Estas são formas que Deus nos dá para oportunidade do burilamento interior.

Saibamos que a dor muitas vezes nos trará o conforto da real compreensão espiritual.

Façamos a beneficência que Jesus nos ensinou: acolhamos, vistemos, alimentemos nossos irmãos, e mais, a qualquer hora ou lugar transmitamos o pensamento puro, de boas vibrações, por meio de irradiações e preces sublimes aos que compartilham conosco da mesma viagem.

Saibamos que a morte física é apenas uma pequena viagem e que o verdadeiro amor ao próximo, independentemente de quando e onde praticado, pode nos levar ao Reino do Pai.

Podemos efetuar a caridade em qualquer local a todos os irmãos de jornada, mesmo que em distâncias maiores, ou inalcançáveis pelo olho humano, pois saibam que haverá sempre uma esperança de que com o amor venceremos todo e qualquer tipo de guerra.

Queridos leitores

Quando comecei este livro, disse ao médium:

— É trabalho simples, sem grandiosidade. Escreverei em qualquer pedaço de papel, com o menor lápis. Só lhe peço pontualidade e responsabilidade.

E, assim como iniciei, termino: com humildade, desejando a todos muita fé no Pai, humildade e amor ao próximo. Deixo como últimas palavras os dizeres simples, humildes, mas eternos do Mestre, através da oração que nos ensinou:

Pai nosso, que estais no céu,
Santificado seja o Vosso nome
Venha a nós o Vosso reino
Seja feita a Vossa vontade, assim na Terra como no Céu.
O pão nosso de cada dia dai-nos hoje.
Perdoai as nossas dívidas, assim como
perdoamos aos nossos devedores
Não nos deixeis cair em tentação.
Livrai-nos do mal, porque Vosso é o reino,
o poder e a glória para sempre.

Assim seja.

Leia os romances de Schellida!

Emoção e ensinamento em cada página!

Psicografia de **Eliana Machado Coelho**

O Brilho da Verdade

Samara viveu meio século no Umbral passando por experiências terríveis. Esgotada, consegue elevar o pensamento a Deus e ser recolhida por abnegados benfeitores, começando uma fase de novos aprendizados na espiritualidade. Depois de muito estudo, com planos de trabalho abençoado na caridade e em obras assistenciais, Samara acredita-se preparada para reencarnar

Um Diário no Tempo

A ditadura militar não manchou apenas a História do Brasil. Ela interferiu no destino de corações apaixonados.

Despertar para a Vida

Um acidente acontece e Márcia, uma moça bonita, inteligente e decidida, passa a ser envolvida pelo espírito Jonas, um desafeto que inicia um processo de obsessão contra ela.

O Direito de Ser Feliz

Fernando e Regina apaixonam-se. Ele, de família rica, bem posicionada. Ela, de classe média, jovem sensível e espírita. Mas o destino começa a pregar suas peças...

Sem Regras para Amar

Gilda é uma mulher rica, casada com o empresário Adalberto. Arrogante, prepotente e orgulhosa, sempre consegue o que quer graças ao poder de sua posição social. Mas a vida dá muitas voltas.

Um Motivo para Viver

O drama de Raquel começa aos nove anos, quando então passou a sofrer os assédios de Ladislau, um homem sem escrúpulos, mas dissimulado e gozando de boa reputação na cidade.

O Retorno

Uma história de amor começa em 1888, na Inglaterra. Mas é no Brasil atual que esse sentimento puro irá se concretizar para a harmonização de todos aqueles que necessitam resgatar suas dívidas.

Obras de Irmão Ivo: leituras imperdíveis para seu crescimento espiritual
Psicografia da médium Sônia Tozzi

O Preço da Ambição

Três casais ricos desfrutam de um cruzeiro pela costa brasileira. Tudo é requinte e luxo. Até que um deles, chamado pela própria consciência, resolve questionar os verdadeiros valores da vida e a importância do dinheiro.

A Essência da Alma

Ensinamentos e mensagens de Irmão Ivo que orientam a Reforma Íntima e auxiliam no processo de autoconhecimento.

O Amor Enxuga as Lágrimas

Paulo e Marília, um típico casal classe média brasileiro, levam uma vida tranqüila e feliz com os três filhos. Quando tudo parece caminhar em segurança, começam as provações daquela família após a doença do filho Fábio.

Quando Chegam as Respostas

Jacira e Josué viveram um casamento tumultuado. Agora, na espiritualidade, Jacira quer respostas para entender o porquê de seu sofrimento

Somos Todos Aprendizes

Bernadete, uma estudante de Direito, está quase terminando seu curso. Arrogante, lógica e racional, vive em conflito com familiares e amigos de faculdade por causa de seu comportamento rígido.